Götz Krummheuer/Natalie Naujok
Grundlagen und Beispiele
Interpretativer Unterrichtsforschung

Qualitative Sozialforschung

Herausgegeben von

Ralf Bohnsack
Christian Lüders
Jo Reichertz

Band 7

Götz Krummheuer/Natalie Naujok

Grundlagen und Beispiele Interpretativer Unterrichtsforschung

Leske + Budrich, Opladen 1999

Die Deutsche Bibliothek – CIP-Einheitsaufnahme

Krummheuer, Götz:
Einführung in die interpretative Unterrichtsforschung : theoretische Grundlagen und Beispiele aus der Forschungspraxis / Götz Krummheuer/Natalie Naujok. – Opladen : Leske + Budrich, 1999
(Qualitative Sozialforschung; Bd. 7)
ISBN 3-8100-2395-7

Gedruckt auf säurefreiem und altersbeständigem Papier.

© 1999 Leske + Budrich, Opladen

Das Werk einschließlich aller seiner Teile ist urheberrechtlich geschützt. Jede Verwertung außerhalb der engen Grenzen des Urheberrechtsgesetzes ist ohne Zustimmung des Verlages unzulässig und strafbar. Das gilt insbesondere für Vervielfältigungen, Übersetzungen, Mikroverfilmungen und die Einspeicherung und Verarbeitung in elektronischen Systemen.

Druck: Druck Partner Rübelmann, Hemsbach
Printed in Germany

Inhaltsverzeichnis

Vorwort 7

**Teil I: Charakteristika und Beispiele
Interpretativer Unterrichtsforschung** 11

1. Charakteristika Interpretativer Unterrichtsforschung 13
1.1 Beobachtung und Analyse von Unterrichtsalltag (Naujok).......... 17
1.2 Art und Genese der theoretischen Produkte (Naujok)............... 22

2. Drei Forschungsbeispiele 27
2.1 Mehan: Learning Lessons (1979) (Naujok) 28
2.1.1 Beobachtung und Analyse von Unterrichtsalltag 30
2.1.2 Art und Genese der theoretischen Produkte 31
2.2 Cobb, Yackel & Wood:
 Das Purdue Problem-Centered Mathematics Project (1993)
 (Krummheuer) 37
2.2.1 Beobachtung und Analyse von Unterrichtsalltag 39
2.2.2 Art und Genese der theoretischen Produkte 41
2.2.2.1 Die Integration interaktionsbezogener Begriffe 41
2.2.2.2 Das komplementäre Verhältnis zwischen der
 kognitiven und sozialen Dimension des Lernens 43
2.3 Beck & Scholz:
 Beobachten im Schulalltag (1995) (Krummheuer) 45
2.3.1 Beobachtung und Analyse von Unterrichtsalltag 48
2.3.2 Art und Genese der theoretischen Produkte 51

Teil II: Forschungspraxis und Einzelergebnisse der Autoren 55

*1. Theoretische Orientierung und die Problematik
der Darstellung (Naujok)* 57
1.1 Zur Konzeption von Teil II 57

1.2	Zur Problematik der Darstellung	58
1.3	Zum theoretischen Hintergrund	59
2.	**Die Forschungspraxis in Untersuchungen zur sozialen Konstitution schulischen Lernens (Naujok)**	61
2.1	Details der Datenerhebung	61
2.1.1	Zugang zu Schulen	61
2.1.2	Datenerhebung in den Klassen	62
2.1.3	Datenverwaltung	63
2.1.4	Transkriptionsverfahren	64
2.2	Methoden der Dateninterpretation	66
2.2.1	Rekonstruktion und Komparation	66
2.2.2	Konkrete Analyse eines Transkriptes	67
2.2.2.1	Erster Schritt: Interaktionsanalyse	68
2.2.2.2	Eine mögliche Ergänzung: Argumentationsanalyse	71
3.	**Einzelergebnisse aus Projekten zur sozialen Konstitution von Lernen in der Grundschule**	75
3.1	Narrativität unterrichtlicher Argumentation (Krummheuer)	75
3.1.1	Die narrative Prägung der Interaktion in mathematischer Gruppenarbeit	76
3.1.2	Ein Beispiel	78
3.1.2.1	Ausführliche Interaktionsanalyse	79
3.1.2.2	Argumentationsanalyse	85
3.1.3	Die in Gruppenarbeit konstituierten Lernbedingungen	85
3.2	Schülerkooperation als mögliche soziale Bedingung unterrichtlichen Lernens (Naujok)	88
3.2.1	Hinderliche Kooperation in der Unterrichtspraxis und hilfreiche Störungen als theoretischer Anspruch	89
3.2.1.1	Bsp. 1: Erwünschte Hilfe – umfassende Antwort	91
3.2.1.2	Bsp. 2: Aufgedrängte Hilfe – abgewehrt	94
3.2.1.3	Vergleich der Interpretationen und Schlußbetrachtung	96
3.2.2	Rekonstruktion alltagspädagogischer Vorstellungen 98 aus Schülerkooperation	98
3.2.2.1	Bsp. 1: Abgucken und Können	99
3.2.2.2	Bsp. 2: Abgucken und Schlau-Werden	101
3.2.2.3	Bsp. 3: Sagen und Selber-Rechnen	102
3.2.2.4	Schlußbetrachtung	102
4.	*Forschung als Experiment (Krummheuer)*	103
Literatur		107
Transkriptionslegende		113

Vorwort

Dieses Buch ordnet sich in die Reihe „qualitative Forschung in den Sozialwissenschaften" ein. Es mag viele Leser auf den ersten Blick verwundern, daß eine Publikation zur Interpretativen Unterrichtsforschung in diese vornehmlich soziologische Reihe aufgenommen wurde. Hierin drückt sich ein weitverbreitetes, u.E. jedoch eingeschränktes Verständnis von Unterrichtsforschung als einer psychologisch-pädagogischen Forschungsrichtung aus. Dieses Verständnis läßt sich folgendermaßen skizzieren: Im Unterricht finden Lehr-Lern-Prozesse statt; für die lerntheoretischen Voraussetzungen seien die Psychologen zuständig und zu den inhaltlich-didaktischen und sozialen Aspekten hätten sich die Fachdidaktiker und Pädagogen zu äußern. Die Soziologie vermag allenfalls in makrosoziologischer Perspektive einen Beitrag zur empirischen Schulforschung zu leisten, aber für die Analyse von *Unterricht* als dem originären Ort des Lernens und Lehrens im schulischen Kontext scheint sie aus vieler Leute Sicht nicht geeignet zu sein.

In diesem Buch werden wir ein Feld der Unterrichtsforschung vorstellen und abstecken, in dem vor allem mit qualitativen, soziologischen Verfahren gearbeitet wird und gearbeitet werden muß. Für das Vordringen zugehöriger mikrosoziologischer Theorien in die Unterrichtsforschung lassen sich aus unserer Sicht zwei Gründe nennen:

– Vor allem aus ethnomethodologischer und konversationsanalytischer Sicht sind Studien zur interaktiven Strukturierung von Gesprächen in der Institution Schule von Interesse. Sie dienen einerseits zur Weiterentwicklung dieser theoretischen Ansätze. Anderseits bietet sich mit diesen theoretischen und forschungmethodischen Konzeptionalisierungen ein alternativer empirischer Zugang zum sozialen Geschehen des Unterrichts an.

– Das Interesse richtet sich besonders auf die Organisation und Strukturierung von Redezügen unter den Bedingungen von Unterrichtsalltag. Studien hierzu werden dann häufig über einen eher unterrichtstheoretischen Kontext hinausgehend hinsichtlich der Strukturierungen von Interaktionsprozessen mit nicht-schulischen Episoden verglichen (z.B. Eberle 1997).

– In den lerntheoretischen Arbeiten der letzten Jahrzehnte wird die soziale Dimension als Konstituente menschlichen Lernens zunehmend hervorgehoben, gleichzeitig wird der Lernbegriff in kulturtheoretische, sozialisatiostheoretische und/oder interaktionstheoretische Ansätze integriert; das Verständnis von Lernen und seinen interaktiven Ermöglichungsbedingungen wird in den verschiedenen Ansätzen immer elaborierter ausformuliert. Da Unterricht in unseren westlichen Kulturen einen prominenten Platz für Lernprozesse darstellt, bietet es sich an, ihn auch aus mikrosoziologischer und interdisziplinär-theorienintegrierender Sicht zu untersuchen – insbesondere wenn man einen Beitrag zur Entwicklung einer Theorie der sozialen Konstitution von Lernprozesen leisten möchte (z.B. Bruner 1996).

Interpretative Unterrichtsforschung ist kein brandneues Unterfangen mehr. Im deutschsprachigen Raum hat Terhart diesen Begriff mit seiner 1978 erschienenen Monographie „Interpretative Unterrichtsforschung – Kritische Rekonstruktion und Analyse konkurrierender Forschungsprogramme der Unterrichtswissenschaft" geprägt. Auch aus hochschuldidaktischer Sicht gewinnt sie im Rahmen von Lehrerausbildung zusehends an Bedeutung (z.B. Ohlhaver & Wernet 1999). Insgesamt gibt es kaum einschlägige Werke zu methodologischen Fragen der Interpretativen Unterrichtsforschung. Sie wird zumeist unter dem umfassenderen Thema der qualitativen Verfahren in der Erziehungswissenschaft mitbehandelt, d.h., sie erscheint als eines von vielen erziehungswissenschaftlich relevanten Forschungsgebieten; dabei verliert sie jedoch leicht an konturierter Eigenständigkeit. Dieser Mangel ließ es uns angebracht erscheinen, insbesondere bei der Darstellung eigener Arbeiten auch detailliert auf Fragen der Forschungspraxis einzugehen.

Den Herausgebern der Reihe „Qualitative Forschung in den Sozialwissenschaften", besonders Ralf Bohnsack, gebührt Dank dafür, daß sie die Interpretative Unterrichtsforschung mit einem eigenen Band würdigen. Dieser Band möge als argumentative Stützung für qualitative Studien in dem Bereich des gerade wieder aufkeimenden allgemeineren Interesses an Unterricht, seiner Qualitätssicherung, seiner theoretisch-empirischen Durchdringung und seiner Verbesserungsmöglichkeiten dienen.

Für die Unterstützung bei der Erstellung des Textes gilt unser Dank Marianne Reinert und Antje Rings.

Zum Abschluß dieses Vorwortes sei noch eine allgemeine Bemerkung zu der Darstellung von Beiträgen aus der Interpretativen Unterrichtsforschung angebracht (s.a. II: 1.2): Charakteristikum dieses Ansatzes ist die detaillierte, quasi „mikroskopische" Auseinandersetzung mit Episoden aus dem Unterrichtsalltag. Da die Untersuchungsmethoden kontextbezogen sind, müssen Feinheiten der Analyse auch in den Publikationen erscheinen. Ihre Lektüre stellt sicherlich nicht nur den eiligen Leser vor einige Geduldsproben. Die qualitative Forschung hat in gewisser Weise ein immanentes Darstellungsproblem (Berg & Fuchs 1993), und insbesondere Leserinnen und Leser, die eher mit dem quantitativen Paradigma vertraut sind, mögen derartige Veröffentlichungen zu „narrativ" und somit wenig reliabel erscheinen. Das für die qualitative Forschung insgesamt konstitutive praxeologische Methodenverständnis (s. z.B. Bohnsack 1993) läßt zum Nachvollzug und zur Legitimation der methodisch kontrollierten Auswertung jedoch keinen anderen Weg zu als die Darstellung von relativ detailgetreuen Analysen. Dieser Anforderung stellen auch wir uns in den folgenden Ausführungen, indem wir den für diese Forschung so typischen, mehrstufigen und komplex verwobenen Argumentationsprozeß von theoretischer Erörterung, empirischer Analyse und methodologischer Reflexion unter verschiedenen Gliederungspunkten immer wieder aufgreifen.

Wir haben im folgenden Text englische Zitate immer auch in einer deutschen Übersetzung wiedergegeben. Sofern solche Übersetzungen nicht publiziert vorliegen, haben wir eigene vorgenommen.

Das Buch ist ein Gemeinschaftswerk der beiden Autoren. Dennoch lassen sich durch unser arbeitsteiliges Vorgehen viele Kapitel einem Hauptautor zu ordnen. Sie sind entsprechend gekennzeichnet. Eine Ausnahme bilden die Abschnitte I:2 und II:3. Dort haben wir die Unterkapitel namentlich zugeordnet.

Berlin, im April 1999
Natalie Naujok
Götz Krummheuer

Teil I:
Charakteristika und Beispiele Interpretativer Unterrichtsforschung

1. Charakteristika Interpretativer Unterrichtsforschung

Im folgenden Kapitel stellen wir einige Charakteristika von Interpretativer Unterrichtsforschung vor. Dabei ist ein Teil dieser Charakteristika deskriptiver Art; andere sind stärker präskriptiv, insbesondere dann, wenn es um methodologische Prinzipien und Reflexionen geht; hier stellen wir eher unsere eigene Vorgehensweise dar, als daß wir den Anspruch erhöben, es handele sich dabei um allgemein vertretene und befolgte Richtlinien. Solche für die Interpretative Unterrichtsforschung auszumachen ist schwierig. Man kann diesbezüglich lediglich auf Aufsätze in verschiedenen Sammelbänden hinweisen, z.B. auf Erickson (1986), Beck & Maier (1994) und Ackermann & Rosenbusch (1995).

Unabhängig von der Frage nach Deskriptivität oder Präskriptivität unterscheiden wir bei den Charakteristika zwischen Spezifika und Differenzierungsdimensionen. Mit Spezifika bezeichnen wir Aspekte, unter denen sich Arbeiten gegen andere sozial- oder unterrichtswissenschaftliche abgrenzend zusammenfassen lassen. Differenzierungsdimensionen dagegen dienen Charakterisierungen und Beschreibungen innerhalb des Forschungsfeldes.

Die so vorgenommenen Unterscheidungen zwischen Deskriptivität und Präskriptivität und zwischen Spezifika und Differenzierungsdimensionen sind nicht immer trennscharf vorzunehmen und lassen sich insofern auch nicht wie ein Raster-Netz über das Forschungsfeld werfen. Dennoch halten wir sie für sinnvoll und hilfreich bei dem Versuch, diesen Ansatz begreifbar zu machen.

Publikationen aus der Interpretativen Unterrichtsforschung weisen eine Reihe von Spezifika auf. Ohne Anspruch auf Vollständigkeit erheben zu wollen, sollen fünf Spezifika angegeben werden. Zwei beziehen sich allgemeiner auf Arbeiten der Unterrichtsforschung, drei speziell auf den interpretativen Ansatz. Zunächst zu den allgemeineren Spezifika:

1. Arbeiten der Unterrichtsforschung stehen unter einem diffusen Erwartungsdruck von breiten Teilen der an Schule interessierten Öffentlichkeit.[1]

---

1 Ein Spezifikum ist das im oben definierten Sinne; Studien aus anderen Forschungsbereichen wie z.B. der Wirtschaft können ähnlich unter Erwartungsdruck stehen.

2. Sie integrieren die Betroffenen – genauer: einen Teil der Betroffenen, nämlich die Lehrerinnen und Lehrer – direkt in ihren Adressatenkreis.

Zu (1) Die Erwartung besteht darin, daß Unterrichtsforschung ihren Untersuchungsgegenstand nicht nur zu erforschen, sondern auch zugleich Vorschläge zur Verbesserung von Unterricht zu machen habe.[2] Dieser Erwartungsdruck ist allgemein verbreitet. Das mag zum einen dadurch zustande kommen, daß Unterricht etwas ist, von dem jeder mehr oder weniger betroffen ist; es ist ein Thema, bei dem mitzureden sich jeder kompetent fühlt: sei es aufgrund eigener Schulerfahrungen, aufgrund von Erfahrungen als Eltern von Schulkindern oder auch als im schulischen Bereich Tätige. Zum anderen ist Schule eine staatliche Institution, von der nicht zuletzt aufgrund der Schulpflicht und der gesellschaftlichen Finanzierung erwartet wird, daß sie ihren öffentlich-rechtlichen Auftrag (möglichst gut) erfüllt. Von Unterrichtsforschung wird dementsprechend erwartet, daß sie einen Beitrag dazu leistet.

Zu (2) Das zweite Spezifikum von Publikationen zur Unterrichtsforschung, nämlich das Bestreben, Teile der Betroffenen direkt zu erreichen, hängt mit dem ersten zusammen: Schule ist eine Institution, in der es zentral um „Verbesserungen" geht, und zwar um die Verbesserung von Fähigkeiten und Fertigkeiten der Schüler, d.h. um bessere Lernergebnisse. Das soll durch eine Optimierung der Lernprozesse, durch „besseren Unterricht" erreicht werden. Diesbezüglich werden dann meist die Lehrerinnen und Lehrer angesprochen. Hierin mag ein Grund dafür liegen, daß die Veröffentlichungen nicht nur für Kolleginnen und Kollegen aus der Wissenschaft, sondern ebenso für Studierende und Lehrerinnen und Lehrer bestimmt sind. Diese breite Adressierung hat eine „Popularisierung der Publikationen" zur Folge, weil die jeweiligen Autoren sich vorstellen, so möglichst viele potentielle Leserinnen und Leser erreichen zu können.

Derartige im Prinzip positive Bemühungen bergen häufig die Tendenz, daß forschungsmethodische und theoretische Erwägungen vereinfacht bzw. verkürzt – oder zumindest so dargestellt – werden. Dadurch besteht zum einen die Gefahr, daß fundierte Projekte unseriös erscheinen; zum anderen können dann aber auch Arbeiten, die tatsächlich forschungsmethodisch nicht ausgereift und theoretisch nicht angemessen fundiert sind, in der angestrebten breiten Adressatengruppe Beachtung und Akzeptanz erfahren. Aus diesen

---

2   Dieser Erwartung liegen sicherlich auch die beiden Vorstellungen zugrunde, die Soeffner für die Forderung nach unmittelbarer Verwertbarkeit und Praxisbezug von wissenschaftlicher Forschung allgemein aufführt:
„1. Wissenschaft wird (...) in der Perspektive des Alltagsverstandes ausschließlich unter nicht weiter reflektierten Kriterien der Wirtschaftlichkeit und des gesellschaftlichen Nutzens interpretiert und in einem sehr unspezifischen Sinne einer rein ökonomisch definierten ‚Produktionssphäre' zugerechnet." (Soeffner 1989, 43)
„2. Der Nutzen von Wissenschaft wird schon in Richtung auf ihr Deutungspotential und ihre Konstruktionsleistungen hin interpretiert. Man verlangt von ihr Sinngebung: konkrete Antworten auf die Frage ‚Was sollen wir tun?'." (ebd., 44)

Gründen integrieren wir in den Charakterisierungsversuch Interpretativer Unterrichtsforschung eine präskriptive Dimension.

Der vorliegende Band der Reihe „Qualitative Sozialforschung" behandelt die *Interpretative* Unterrichtsforschung. Interpretative Unterrichtsforschung ist eine Richtung innerhalb der Unterrichtsforschung und gleichzeitig ein Sammelbegriff, der Arbeiten verschiedener Perspektiven bzw. Schulen umfaßt. Spezifisch für diese Arbeiten sind in Fortsetzung der oben genannten Spezifika:

3. die Fokussierung auf alltägliche Unterrichtsprozesse;
4. das rekonstruktive Vorgehen und
5. die theoretische Grundannahme, daß Lernen, Lehren und Interagieren konstruktive Aktivitäten sind (s.a. II:1.3).

Mit dem dritten Punkt fassen wir den Rahmen hier relativ eng. Dabei fallen dann Arbeiten heraus, die andere sicherlich noch zu Interpretativer Unterrichtsforschung zählen, etwa die u.e. eher in die fachdidaktische Forschung einzuordnende Erprobung und Auswertung von für den Unterricht entwickelten Lehr-Lern-Materialien (s. z.B. Röhr 1995).

Auf das rekonstruktive Vorgehen kommen wir in II:2.2.1 zu sprechen. Weitere Ausführungen dazu, etwa zum Verhältnis zwischen qualitativer, interpretativer und rekonstruktiver Forschung, findet man in Bohnsack (1993).

Ausführlicher soll auf den fünften Punkt eingegangen werden: Unterrichtsforschung hat traditionell mit Lernen und Lehren zu tun. Der konkrete Untersuchungsgegenstand wird in dem jeweiligen Forschungsprojekt herausgebildet. Hierbei kommen theoretische Fragestellungen und Perspektiven des jeweiligen Projektes zum Tragen. Für das zu diskutierende Feld unterscheiden wir zwei Hauptperspektiven.

(A) Um damit zusammenhängende Phänomene zu beschreiben und zu erklären, wird häufig mit einem kognitionspsychologischen Ansatz gearbeitet. Forschungsgegenstand sind hier die Kognitionen und die kognitive Entwicklung von Schülerinnen und Schülern. Fokussiert wird das Denken und Lernen einzelner im Rahmen alltäglichen Unterrichts, wobei subjektive Deutungen zentral sind. Unterrichtsausschnitte bzw. die darin festgehaltenen Interaktionen werden hier als Kontexte kognitiver Prozesse, also im Hinblick auf die Situativität dieser Prozesse betrachtet.

(B) Die zweite große Perspektive ist die der phänomenologischen Alltagssoziologie, speziell die der daraus weiterentwickelten Ethnomethodologie.[3] In der Ethnomethodologie wird, grob gesagt, die soziale Konstituierung von Alltag zu rekonstruieren versucht. Dabei ist der Alltag insofern von besonderem Interesse, als er der Bereich ist, in dem wir handeln, auf den wir durch unser Handeln einwirken und – natürlich nur in Grenzen – auch ge-

---

3 Die phänomenologische Alltagssoziologie ist besonders mit dem Namen Schütz verbunden (s. Schütz 1971/1972), die Ethnomethodologie mit Garfinkel (s. z.B. Garfinkel 1967).

zielt einwirken können (s. I:1.1). Es wird der Frage nachgegangen, wie Interaktanten ihren Alltag herstellen. Unterrichtsausschnitte werden dementsprechend als Interaktionen betrachtet, mit denen Unterrichtsalltag konstituiert wird. Dabei ist im Gegensatz zum kognitiven Konstruktivismus der Handlungsaspekt wichtiger als der von subjektiven Deutungen. Als Forschungsgegenstand bilden sich die Interaktionsprozesse in Unterrichtssituationen im Hinblick auf die soziale Konstitution von Unterrichtsalltag (und Lernen) heraus. Das heißt, alltägliche Unterrichtsprozesse werden hier nicht nur dem Spezifikum Interpretativer Unterrichtsforschung entsprechend *fokussiert*, sondern außerdem auch *theoretisch konfiguriert*. Dem Alltag kommt hier insofern eine bedeutende Rolle zu, als er nicht nur als methodische, sondern auch als theoretische Kategorie behandelt wird.

Im Hinblick auf diese beiden Perspektiven stellen Arbeiten der Interpretativen Unterrichtsforschung in der Regel disziplinäre Mischungen dar.

Anknüpfend an die unterschiedlichen Orientierungen können die folgenden zwei Differenzierungsdimensionen zur Beschreibung entsprechender Arbeiten dienen:

1. die verschiedenen Ausprägungen der Beobachtung und Analyse von Unterrichtsprozessen unter Alltagsbedingungen (s. I:1.1 Beobachtung und Analyse von Unterrichtsalltag) und
2. die verschiedenen Ausprägungen der in einer Arbeit generierten Theorieelemente und der Methodologie der Theoriekonstruktion (s. I:1.2 Art und Genese der theoretischen Produkte).

Unter dem zweiten Punkt werden Forschungsmethode und Theorieentwicklung zusammengefaßt, da zwischen ihnen eine enge Beziehung besteht, die wir mit Bohnsack (1999) praxeologisch nennen.

Folgendes läßt sich also festhalten:
1. Der Sammelbegriff Interpretative Unterrichtsforschung bezieht sich sowohl auf den Untersuchungsgegenstand als auch auf den methodischen Ansatz und impliziert gleichzeitig einen theoretischen Standpunkt.
2. Es ist spezifisch für Arbeiten der Interpretativen Unterrichtsforschung, daß sie auf alltägliche Unterrichtsprozesse fokussieren; differenzieren lassen sie sich nach ihrer jeweiligen Art der Beobachtung und Analyse von Unterrichtsalltag.
3. Spezifisch sind ferner das rekonstruktive Vorgehen und das Interesse, Lernen, Lehren und Interagieren als konstruktive Aktivitäten zu rekonstruieren; differenzieren lassen sich die Arbeiten dann bezüglich der Art und Genese ihrer theoretischen Produkte.

In den folgenden Unterabschnitten erfolgt eine theoretische Grundlegung der beiden Differenzierungsdimensionen. In diesen Dimensionen kommen unsere eigene Position und Vorgehensweise nicht nur zum Ausdruck, vielmehr hängt bereits die Formulierung der Dimensionen eng mit unserer Position zusammen.

1.1 Beobachtung und Analyse von Unterrichtsalltag (Naujok)

Die Erforschung von Unterrichtsalltag ist nicht das Gleiche wie die Erforschung alltäglichen Unterrichts im Sinne von traditionellem bzw. „normalem" Unterricht, sondern zielt auf die Untersuchungsfrage, wie eine Lerngruppe ihren Unterrichtsalltag herstellt. Einer der Gründe, den Alltag als Forschungsgegenstand zu fokussieren, besteht darin, daß man so das Einflußnehmen der Beteiligten auf ihn untersuchen kann und sich daraus wiederum die Hoffnung auf die Möglichkeit ergeben mag, diesen Unterrichtsalltag durch gezieltes Handeln verändern zu können (s. I:1.). Im Sinne von Schütz ist das Alltagsleben

das einzige Subuniversum, in das wir uns mit unseren Handlungen einschalten können, das wir dadurch umformen und verändern können (Schütz 1971/1972, II, 119).[4]

Aber der Alltag ist auch über unsere eigenen Gestaltungsmöglichkeiten hinaus relevant für uns, weil wir gleichzeitig selbst im

Interaktionsraum unseres jeweiligen konkreten Alltags (Soeffner 1989, 12)

von ihm geprägt sind. Dieser Interaktionsraum

ist unser unmittelbarer Anpassungs-, Handlungs-, Planungs- und Erlebnisraum: unser Milieu, das wir mitkonstituieren und dessen Teil wir sind (S. 12)[5]
(s.a. Brandt & Krummheuer 1998, 7).

Daneben wird der Begriff „Alltag" in der Unterrichtsforschung oft als Abgrenzung zu „Labor" verwendet in dem Sinne, daß im Labor gewonnene Erkenntnisse Gültigkeit lediglich für Laborsituationen und im Alltag gewonnene lediglich für Alltagssituationen besitzen. „Alltag" steht dann für einen bestimmten Kontext, für spezifische Situativitäten.
Im Zusammenhang mit diesem Verständnis gilt es bei der Untersuchung von Ausschnitten aus dem Unterrichtsalltag, Verfestigungen und Unreflektiertheiten sowie als problematisch erachtete Erscheinungen im Unterrichtsalltag aufzudecken, zu beschreiben und auf sie hinzuweisen; es geht darum, Handlungs- und Deutungsmuster bezüglich ihrer Effektivität im Hinblick auf Lernerfolge zu beurteilen und gegebenenfalls alternative Unterrichtsideen zu entwickeln. Dies könnte man als eine didaktische Position der praktischen Unterrichtsgestaltung verstehen. Diese Position korrespondiert mit der kognitiv-konstruktivistischen Perspektive, ist aber nicht auf diese beschränkt.

---

4 Zitiert in Anlehnung an Soeffner 1989, 12.
   Schütz bezieht sich mit der Verwendung des Begriffs *Subuniversum* auf James 1893. Bezeichnet werden damit verschiedene Realitätsbereiche bzw. Welten wie z.B. die der Wissenschaft, des Theaters oder der individuellen Meinungen (s. z.B. Schütz, 1971/1972 II: 102f.). Er bevorzugt allerdings explizit den Begriff „*Sinn*bereich", „weil nicht die ontologische Struktur der Gegenstände, sondern der Sinn unserer Erfahrungen die Wirklichkeit konstituiert." (Schütz 1971, I, 264).
5 Verweise in dieser Kurzform beziehen sich in diesem Abschnitt stets auf Soeffner 1989.

Mit dem Alltagsbegriff werden mehr oder weniger explizit und reflektiert soziologische Theorien des Alltags thematisch. Anknüpfend an die obige Polarisierung der Perspektiven, kann man sagen, daß dem Alltagsbegriff lediglich unter der soziologischen ein theoretischer Stellenwert zugemessen wird. (In diesem Zusammenhang spielt die Ethnomethodologie mit ihrem Interesse an der Rekonstruktion von Herstellungsweisen sozialer Situationen eine wesentliche Rolle; s.u.) In der Soziologie wird Alltag im Kontrast zu Wissenschaft gesehen und diskutiert (s. z.B. Schütz 1971, I). Der Unterschied liegt in der Art der Erfahrung, des Handelns und des Wissens. Während im Alltag der sogenannte kognitive Stil der Praxis bzw. des Alltags herrscht, ist es in der Wissenschaft der kognitive Stil der Theorie bzw. der Wissenschaft (s. Schütz 1971, I, 264; auch Soeffner 1989, 11ff.). Soeffner (1989) beschreibt den kognitiven Stil der Praxis als einen

Typus der Erfahrung, des Handelns und des Wissens, der mit eben diesem Rahmen [dem Alltag] verbunden, in seinen spezifischen Leistungen auf ihn bezogen ist, ihn erhält und immer wieder hervorbringt. (S. 16).

Der kognitive Stil der Praxis ist Voraussetzung für Handlungsfähigkeit im durch Handlungsdruck gekennzeichneten Alltag; er hilft, diesen Alltag zu bewältigen. Dazu

zielt [er] ab auf Beseitigung oder Minimierung des Ungewöhnlichen, des Zweifels: auf problemlose und damit ökonomische Koorientierung und Handlung. (S. 16)

Zu seinen Leistungen zählen

- das Typisieren von Erfahrung, Wissen und Handeln (vgl. S. 16), auch das Typisieren von Neuartigem als Bekanntes und
- die Wiederholung von Handlungsmustern, bis sie zu Ritualen gerinnen (vgl. S. 17).

Indem die Menschen ihre Erfahrungen, ihr Wissen und Handeln typisieren und indem sie Normalität konstruieren, glätten sie Ungewöhnliches und werden dadurch im Alltag ökonomisch handlungsfähig.

Alltagshandeln läßt sich nach Soeffner (1989) weiter über folgende Merkmale definieren:

- Die Interaktionspartner unterstellen einander ein gemeinsames Wissen, auf das sie sich in der Interaktion beziehen und das sie dadurch stabilisieren.
- Sie unterstellen einander sinnvolles Handeln und gehen davon aus, daß der andere zu jeder Zeit Anspruch darauf erheben würde/könnte.
- Es herrscht ein hoher Grad an Inexplizitheit und Indexikalität[6]. Das heißt erstens: vieles wird nicht vollständig geäußert, sondern bleibt implizit;

---

6   In der Linguistik spricht man in der Regel von Deixis bzw. von deiktischen Ausdrücken, wenn auf Personen, Gegenstände, Raum oder Zeit referiert wird, ohne diese genauer zu

und zweitens: Äußerungen enthalten Hinweise auf den Kontext, in dem sie geäußert werden, und sind nicht verständlich für Personen, die nicht mit der Situation vertraut sind. Die Bedeutung indexikalischer Ausdrücke läßt sich nur aus der gesamten Situation erschließen, da sie von kontextspezifischen Bezügen lebt. Inexplizitheit und Indexikalität werden von derVorstellung einer „prinzipiellen Ausdrückbarkeit" getragen (S. 21).

Während es im kognitiven Stil der Praxis um Beseitigung von Zweifeln, also um Sicherung von Erkanntem geht, zielt der kognitive Stil der Theorie gerade auf das Zweifeln ab (s. S. 26). Der Erfahrungs- und Handlungsraum der Wissenschaft ist durch eine Entlastung vom aktuellen Handlungsdruck bezüglich des Untersuchungsgegenstandes gekennzeichnet. (Allerdings steht die Wissenschaftlerin/der Wissenschaftler in ihrem/seinem Arbeitskontext unter dem Handlungsdruck des eigenen Alltags.) Zu diesem Stil gehört es, den Alltag des Untersuchungsgegenstandes nicht seinen Routinen gemäß zu interpretieren und typisieren, sondern methodisch kontrolliert viele Lesarten zu entfalten und aus diesen alternativen Lesarten wirksame Handlungs- und Deutungsmuster aufzudecken (s. S. 21f.). Kennzeichnend sind für den kognitiven Stil der Wissenschaft somit:

– eine Entlastung vom Handlungsdruck des Alltags
– eine Suche nach möglichst vielen Interpretationen, d.h. eine Maximierung von Lesarten, und
– „die objektive Begründbarkeit der abschließenden Interpretation, die aus der kritischen Sichtung im ‚Lesartenvergleich' die Fallspezifik, das heißt die Singularität einer Interaktionskonfiguration, sichtbar macht." (S. 23)

Mit Blick auf die Interpretative Unterrichtsforschung läßt sich die Unterscheidung zwischen den zwei kognitiven Stilen noch ergänzen. Im Alltag kommt es auf Handlungsentscheidungen an. Dabei geht es primär um Fragen nach dem WAS. In der soziologisch orientierten Interpretativen Unterrichtsforschung werden die Fragen nach dem WAS in Anlehnung an die Ethnomethodologie zurückgestellt. Statt dessen wird das WIE der interaktiven Aushandlungsprozesse bzw. der interaktive Herstellungsprozessen von (sozialen) Situationen untersucht. Der Sprung vom kognitiven Stil des Alltags in den der Wissenschaft geht damit einher, daß in der Wissenschaft andere Fragen gestellt werden als im Alltag. Um diese Fragen nach dem WIE beantworten zu können, müssen die Methoden der interaktiven Herstellungspro-

---

benennen, z.B.: „Sie hat es gestern dort gesehen." Nur im Kontext ist deutbar, wer „sie" ist, worauf „es" referiert, welcher Tag mit „gestern" und welcher Ort mit „dort" bezeichnet wird.
Indexikalität ist ein Begriff aus der Ethnomethodologie und referiert nicht nur auf einzelne Ausdrücke und deren Bezüge, sondern auf die Beziehungen zwischen Handlungen und Handlungsmustern in konkreten Kontexten (s. z.B. Garfinkel 1973 und Mehan & Wood 1975).

zesse von Alltag rekonstruiert werden. Dazu schließlich ist es notwendig, alternative Lesarten zu entwickeln.

Die Struktur des Alltagswissens und des Alltagshandelns beinhaltet Möglichkeiten, in den kognitiven Stil der Theorie zu wechseln. Zwischen den beiden Stilen gibt es begrenzte Schnittstellen, etwa da, wo der kognitive Stil der Praxis die prinzipielle Ausdrückbarkeit von Wissen postuliert (s. S. 20f.). Grundsätzlich aber bleiben die Stile als notwendig unterschiedliche bestehen.

Der kognitive Stil der Wissenschaft dürfte den verschiedenen theoretischen bzw. wissenschaftlichen Perspektiven auf Unterrichtsgeschehen gemeinsam sein. Diese Perspektiven unterscheiden sich vielmehr hinsichtlich ihres Verständnisses von Alltag.

Das soziologische Alltagsverständnis läßt sich auf Unterricht übertragen – allerdings nicht in vollkommener Übereinstimmung mit den obigen Ausführungen. Das liegt daran, daß Unterrichtsalltag nicht der Alltag von Erwachsenen ist, sondern in gewisser Weise eine Sozialisationsinstanz, die die heranwachsenden Menschen überhaupt erst autonom „alltagsfähig" machen soll. Kinder sind zwar auch alltagsfähig, aber ihre Handlungsbeiträge zur Gestaltung des Alltags und ihre Deutung des Alltags unterscheiden sich grundsätzlich von denen Erwachsener – selbst wenn beide einen Interaktionsraum teilen.

Die ersten beiden Punkte, nämlich die gegenseitige Unterstellung von einem gemeinsamen Wissen und von Sinnhaftigkeit des Handelns, gelten sicher sowohl für den schulischen als auch für den außerschulischen Alltag. Auch weisen beide eine hohe Inexplizitheit und Indexikalität auf; jedoch ist fraglich, ob im Unterricht auch immer von einer prinzipiellen Ausdrückbarkeit ausgegangen wird. Das Explizit-Machen ist ja nun gerade ein zentraler Bestandteil von (nicht nur schulischem) Lehren und Lernen. Zwar ist für die Grundschule auch schon untersucht und dargelegt worden, wie Lernen in narrativ geprägten Interaktionen erfolgt und daß in diesen vieles implizit bleibt (s. Krummheuer 1997 u. II:3.1); aber was gelernt werden soll oder gelernt wird, soll auch verbalisiert werden oder zumindest verbalisiert werden können.

Der wesentliche Unterschied zwischen schulischem und außerschulischem Alltag besteht u.E. darin, daß andere Selbstverständlichkeiten wirken: Handlungsmuster und Routinen im Interaktionsraum Unterricht – und speziell im Anfangsunterricht – sind noch viel stärker in Entwicklung und Aushandlung begriffen, als das „in der Erwachsenenwelt" der Fall ist. Das hängt eng damit zusammen, daß Schule eine Lehr-und-Lern-Institution ist. Der kognitive Stil der Praxis als Voraussetzung für Handlungsfähigkeit wird gerade in der Grundschule noch wesentlich (weiter)entwickelt.

Dennoch besitzen auch im Alltag des Unterrichts die Deutungsmuster der Beteiligten eine große Eigenständigkeit, ein enormes Beharrungsvermögen und eine ebensolche Resistenz gegenüber alternativen Deutungsangeboten (S. 19).

Diese Eigenständigkeit ernstzunehmen und zu fokussieren kann man als ein prinzipielles Merkmal von interpretativer Forschung und somit auch von Interpretativer Unterrichtsforschung ansehen.[7] Wenn Innovationen angestrebt werden, wird dieses Ernstnehmen und Fokussieren der Eigenständigkeit sogar funktional notwendig, denn dann muß Einfluß auf dieses Beharren und Resistieren genommen werden. Entsprechend macht der soziologische Ansatz es sich nicht zum Ziel, Verbesserungsvorschläge von außen zu verordnen, sondern in den zu rekonstruierenden alternativen Lesarten[8] Möglichkeiten für Ansätze zu Veränderungen sichtbar zu machen (s.o.). Soeffner (1989) formuliert hierzu:

Das Mögliche ist Teil des Wirklichen, das Wirkliche erscheint von sich aus nicht nur im faktisch Vollzogenen, sondern auch in dessen Alternativen (S. 22).

Aufbauend auf dieses soziologische Basisverständnis, kann die Interpretative Unterrichtsforschung nun Ergänzungen und theoretische Entwicklungen zum Unterrichtsalltag erarbeiten. Denkbar in dieser Richtung wäre z.B.:

– Zum Unterrichtsalltag: Die Analyse des Unterrichtsalltags bedeutet das Bemühen um ein doppeltes Fremdverstehen[9], und zwar weil dieser Unterrichtsalltag der/dem Forschenden einmal in bezug auf die Institution Schule und zum zweiten in bezug auf das Alter/den Entwicklungsstand der Schülerinnen und Schüler fremd ist. Hier könnte man vergleichende Untersuchungen von Kinder- und Erwachsenenbildung durchführen und spezifische Handlungsmuster für die verschiedenen Alltage zu beschreiben bzw. theoretisch zu entwickeln suchen.
– Zur Entwicklung des Subjekts: In Anlehnung an Piagets konstruktivistische Arbeiten zum Lernen, das als von Perturbationen des kognitiven Äquilibriums ausgelöst beschrieben wird (s. z.B. Piaget 1976; dazu von Glasersfeld 1995; s.a. II:3.2.1), läßt sich die Rolle von Störungen in unterrichtlicher Interaktion untersuchen (s. Vollmer 1997 u. II:3.2.1).
Man könnte, Störungen betreffend, auch versuchen, sie in Hinblick auf Normalitätskonstruktionen zu definieren und zu typisieren, so daß man beispielsweise von einer Störung sprechen kann, wenn ein Interaktionspartner eine Handlung vollzieht, die nicht zu der Normalitätskonstruktion oder Typisierung der Situationsdefinition eines anderen paßt.
– Zur sozialen Konstitution von Unterrichtsprozessen: Mit Bruners (1996) Ansatz der „cultural psychology" kann man im Unterrichtsalltag sich bewährende Alltagspsychologien und Alltagspädagogiken genauer unter-

---

7 Insofern könnte das Ernstnehmen der Eigenständigkeit auch als weiteres Spezifikum Interpretativer Unterrichtsforschung bezeichnet werden.
8 Zum Generieren alternativer Lesarten s. II:2.2.2.1.
9 Zu Fremdverstehen s. Schütze et al. 1973.

suchen und mit ihnen die sozialen Konstituenten schulischen Lernens zu beschreiben versuchen (s. II:3.2.2).
- Zu unterrichtlichen Alternativen: Den eingangs erwähnten Erwartungsdruck aufgreifend, könnte man versuchen, durch den Entwurf von alternativ strukturierten Unterrichtsprozessen innovativ zu werden. Hierzu müßte man allerdings den als viertes Spezifikum beschriebenen paradigmatischen Ansatz der rekonstruktiven Verfahrensweise überschreiten (was für pädagogische Forschung typisch sein dürfte). Das liegt an dem konstruktiven Charakter der Zukunftsperspektive und daran, daß hier nicht mehr nur einzelne Aspekte aus dem Unterricht *re*konstruiert werden, sondern unter einer Gesamtperspektive auch Aspekte wie etwa die Aufgabengestaltung in den Entwurf von Alternativen einfließen.

Der Unterschied im Umgehen mit dem Alltag des Unterrichts kristallisiert in der Antwort auf die Frage, ob die Orientierung am Alltag eine methodische ist oder eine theoretische, bei der es um die Durchdringung des Konzepts von Alltag geht. In einer genaueren Verortung zwischen diesen beiden beschriebenen Möglichkeiten des Umgangs mit Unterrichtsalltag kann so eine Facette der Beschreibung von Forschungsarbeiten bestehen.

1.2 Art und Genese der theoretischen Produkte (Naujok)

Interpretative Unterrichtsforschung distanziert sich von den globalisierenden und universalisierenden Theorieansätzen des rationalistischen Forschungsparadigmas. Toulmin (1994) sieht in einer solchen Distanzierung eine Rückkehr zu oder Wiederbelebung von theoretischen Orientierungen, die er bereits in der Renaissance identifiziert, und zwar sind dies Orientierungen

- am Mündlichen, Prozessualen und Vergänglichen,
- am Besonderen, Nicht-Geläufigen und Sich-Abhebenden,
- am Lokalen, Bereichsspezifischen und Begrenzt-Geltenden und
- am Zeitgebundenen, Historischen und Biographischen.

Toulmin beschreibt dies umfassend als den Prozeß der Kontextualisierung von Theorien (Toulmin 1994, 68). In diesem Sinne betreibt Interpretatative Unterrichtsforschung lokale Theoriegenese, und die Produkte sind kontextbezogene Theorien (s.a. Krummheuer 1997, 99ff.).

Daß Interpretative Unterrichtsforschung nun keinen Anspruch auf Universalität bzw. auf Repräsentativität der ausgewählten Stichproben im Sinne quantitativer Forschung erhebt, bedeutet nicht, daß sie sich in Einzelfallanalysen erschöpft. Strauss und Corbin sprechen in ihren Ausführungen zu Verfahren und Techniken der Entwicklung qualitativ gegründeter Theorien von dem Interesse an „representativeness of concepts" (Strauss & Corbin 1990, 190) und stellen das abgrenzend dem von quantitativen Arbeiten erhobenen Anspruch auf „representativeness of that sample" gegenüber. Zur einfacheren Unterscheidung des jeweils Gemeinten übersetzen wir das qualitativ begründete Interesse mit „Repräsentanz" (obwohl die Autoren eine vergleichbare Differenzierungsmöglichkeit im Englischen nicht nutzen und auch in der 1996 erschienenen deutschen Ausgabe kein Formulierungsunterschied gemacht wird).

In Interpretativer Unterrichtsforschung geht es also darum, daß die entwickelten *Begriffe* bzw. *Konzepte* durch die Art der Analyse Repräsentanz für die Interpretationen zum untersuchten Gegenstandsbereich gewinnen. Die Frage ist dann, ob ein Konzept in die Interpretation von einem Datenbeispiel paßt oder nicht, weshalb und welche Bedeutung es hat. Statt zu generalisieren, schreiben Strauss und Corbin, versuchen qualitativ Forschende zu spezifizieren:

> We specify the conditions under which our phenomena exist, the action/interaction that pertains to them, and the associated outcomes or consequences. This means that our theoretical formulation applies to these situations or circumstances but *to no others*. When conditions change, than the theoretical formulation will have to change to meet those new conditions. (Strauss & Corbin 1990, 191)
>
> Wir spezifizieren die Bedingungen, unter denen unsere Phänomene auftreten, die Handlung/Interaktion, die sich auf sie beziehen [sic!] und die damit verbundenen Ergebnisse oder Konsequenzen. Das bedeutet, daß unsere theoretische Formulierung für die betreffenden Situationen oder Umstände gilt, jedoch *nicht für andere*. Wenn sich Bedingungen ändern, muß die theoretische Formulierung geändert werden, um den neuen Bedingungen gerecht zu werden. (Strauss & Corbin 1996, 161f.)

Die Frage nach der Repräsentanz würde somit heißen: Sind unsere entwickelten theoretischen Begriffe in den Interpretationen der untersuchten Daten angemessen repräsentiert? Unseres Erachtens kommt es dabei dann aber nicht wie in quantitativer Forschung auf eine stichproben-theoretische Legitimation an – in dem Fall könnten wir wohl auf den Unterschied in der Übersetzung verzichten -, sondern auch auf Besonderheiten im Sinne von durch methodisch kontrollierte Interpretation gewonnene qualitative Typizität.

Was bei Strauss und Corbin unklar bleibt, ist, wie eng oder weit diese „Situationen oder Umstände" gefaßt werden, ob etwa Unterricht allgemein als eine Situation zu begreifen wäre oder ob Situationen spezifischer gedacht sind, so daß darunter z.B. Prozesse des gemeinsamen Aufgabenlösens im Mathematikunterricht fielen. Diese Frage darf, kann und muß unter dem Strauss-Corbinschen Ansatz aber auch offen bleiben, weil es eine Frage ist, die stärker in Richtung nach Repräsentativität als in Richtung Repräsentanz geht. Generalisierung drückt sich hier nicht im Umfang des Geltungsbereiches aus, sondern in der Art, wie spezifische Ereignisse mit bestimmten Begriffen beschrieben werden.

Ein Ziel von Unterrichtsforschung insgesamt – wir präzisieren hier das entsprechende oben genannte Spezifikum – ist, die Veränderung bzw. Verbesserung von Unterricht mit wissenschaftlich fundierten Mitteln voranzutreiben, d.h., die theoretischen Produkte sollen Bedingungen der Veränderbarkeit von Unterricht identifizieren. Zu diesen Bedingungen gehören neben dem kognitiven Stil des Alltags auch das Wissen bzw. die Vorstellungen der Beteiligten vom unterichtlichen Alltag (s. II:3.2.2); denn das Unterrichtshandeln aller Betroffenen ist prinzipiell immer von deren spezifischem Wissen und Stil und nicht direkt von in wissenschaftlich-pädagogischen Diskursen entwickelten (normativen) Vorstellungen bestimmt.

Wer sich handelnd – mit noch so guten (aus anderen Handlungssituationen gewonnenen) Hypothesen in aktuelle Handlungsprozesse einschaltet, mag zwar über mehr Wissen und damit über ein größeres Handlungsrepertoire verfügen: In jedem Fall agiert er im kognitiven Stil der Praxis, d.h. unter Handlungsdruck und ohne die im distanzierten handlungsentlasteten Erkenntnisstil der Wissenschaft gegebene Möglichkeit der extensiven Deutung und Kritik von Sinnentwürfen. (Soeffner 1989, 41)

Um dem Ziel der Veränderung von Unterricht näherkommen zu können, braucht man u.E. auch eine empirisch gegründete theoretische Ausdifferenzierung des unterrichtlichen Alltags. Interpretative Unterrichtsforschung macht zunächst nichts anderes, als durch methodisch kontrollierte Analysen alternative Lesarten bzw. Typisierungen zu generieren und deren theoretische Einbindung auszuarbeiten. Dann veröffentlicht sie diese für einen relativ großen Adressatenkreis. Mit der Adressierung eines sehr breiten Kreises ist allerdings wie erwähnt (s. I:1.) die Gefahr des Verlustes von theoretischer Fundierung und Reflexion verbunden – mindestens in der Darstellung, wenn nicht sogar schon im Forschungsprozeß.

Ganz gleich, woher die Initiative zur Veränderung von Unterrichtspraxis kommt, muß Innovation u.E. auf die Elaborierung des kognitiven Stils der Praxis bei den Betroffenen zielen: Lehrpersonen und Schülerinnen und Schüler sollen lernen, unterrichtliches Geschehen auch anders als ihren Alltagsroutinen gemäß zu interpretieren. Die veränderte Sichtweise der Beteiligten ist Bedingung für eine von innen heraus veränderte Unterrichtsgestaltung.

Noch einmal anders: Die theoretischen Produkte Interpretativer Unterrichtsforschung bestehen in der Rekonstruktion und Veröffentlichung von theoretischen Ausdifferenzierungen und Typisierungen von Phänomenen der Unterrichtsinteraktion. Im Gegensatz zur Unterrichtspraxis ist die Unterrichtsforschung erstens frei von dem entsprechenden Handlungsdruck; zweitens stellt sie andere Fragen, nämlich nach dem WIE (s. I:1.1), und das eröffnet andere Zugänge. Möglicherweise können die so entwickelten theoretischen Produkte zu einer Veränderung der Praxis beitragen, indem sie auch denjenigen zugänglich gemacht werden, die in ihrem Alltag nur schwer Interpretationsalternativen entwickeln oder zulassen können. Im kognitiven Stil der Wissenschaft entwickelte Interpretationen können so in das Alltagswissen der Betroffenen intergrierbar werden und dadurch auf ihr Alltagshandeln und eventuell auch ansatzweise auf den kognitiven Stil der Praxis wirken.

Das kann sowohl in der Lehreraus- und -fortbildung zum Tragen kommen als auch in der Folge im Rahmen schulischen Unterrichts im Hinblick auf die Schüler selbst. Innovationspotential ist gerade in der systematischen Generierung von funktionablen Deutungsalternativen zum Unterrichtsgeschehen zu sehen. – Offen bleibt allerdings, ob und in welcher Weise sich, aufbauend auf entsprechende Einsichten, eine gewünschte Veränderung des Lehrer-Handelns realisieren läßt und wie dieses auf das Unterrichtsgeschehen insgesamt wirkt.

Wie nun können solche theoretischen Produkte generiert werden? Interpretative Unterrichtsforschung ist auf die Analyse von Unterrichtsprozessen ausgerichtet, z.B. im Hinblick auf Interaktions- und Handlungsmuster, auf fachliches oder/und soziales Lernen oder auf soziale Gefüge und Beziehungen (s.o.). Das methodische Vorgehen zielt deshalb auf die Auslegung und Analyse von beobachteten und verschriftlichten Unterrichtsprozessen. Der Detaillierungsgrad der Verschriftlichung kann dabei stark variieren, nämlich von Situationsbeschreibungen mit einzelnen Zitaten der Beteiligten über grammatisch bereinigte verschriftlichte Gespräche bis hin zu Transkripten von akustischen oder audiovisuellen Aufzeichnungen, die neben den verbalen auch paraverbale und nonverbale Informationen enthalten. Interviews und/oder Gruppendiskussionen mit am Unterricht Beteiligten sind denkbare Ergänzungen im Sinne einer Methodentriangulation.

Im Zentrum des Interesses Interpretativer Unterrichtsforschung stehen je nach Perspektive Deutungen und Prozesse des Sinn-Machens und der interaktiven Hervorbringung von Bedeutungen oder Handlungen bzw. Handlungsmustern – jeweils unter Bedingungen des Alltags. Dabei muß die Methode der Theoriegenenese im Blick auf diese Untersuchungsgegenstände stimmig sein.

Für einen Forschungsgegenstand, der sich in ständiger Veränderung befindet, ist es nicht möglich, eine fertig konstruierte Theorie von außen bzw. a priori an das Datenmaterial heranzutragen. Stattdessen besteht in solchen Fällen die Notwendigkeit,

daß der Untersucher theoretische Aussagen erst aufgrund empirischer Untersuchungen in seinem Forschungsfeld formuliert. (Kelle 1994, 355)

Brandt und Krummheuer schreiben von der „Unausweichlichkeit von Theoriekonstruktion", die dem Potential der permanenten Veränderung von Unterrichtsalltag geschuldet sei (s. Brandt & Krummheuer 1998, 22).

Zum einen verändern sich die Schülerinnen und Schüler mit ihren kognitiven Deutungsmöglichkeiten und -weisen ständig; zum anderen verändern sich die inhaltlichen Aspekte im Unterricht gerade für Grundschüler fortwährend. Die fachlich geprägten Deutungsweisen, die Rahmungen, werden in besonderem Maße erst erworben und ausgehandelt.

Die Forschungslogik, der wir in diesem Zusammenhang folgen, ist die der Abduktion. Die erzielbaren Ergebnisse erscheinen somit in Form von Hypothesen, die überraschende Phänomene zu erklären imstande sind. In der Abduktion sehen wir ein präskriptives Merkmal Interpretativer Unterrichtsforschung, die empirisch gegründete Theoriekonstruktionen vornehmen möchte. Weiter soll hier nicht auf die abduktive Forschungslogik eingegangen werden; stattdessen verweisen wir auf Peirce (1978), Kelle (1994) und Brandt & Krummheuer (1998). Neben der Abduktion ist u.E. auch der Umgang mit dem methodischen Prinzip der Komparation ein präskriptives Merkmal für empirisch gegründete Theoriekonstruktion (s. Kelle 1994, 293ff.; auch II:2.2.1). Auf die Bedeutung von Vergleichen gehen sowohl Glaser & Strauss (1967) und Strauss & Corbin (1990) als auch Bohnsack (1993) und Kelle (1994) ein. Strauss & Corbin (1990) zufolge können Vergleiche helfen, spezifische Dimensionen aufzudecken und mit den Daten mehr analytisch als deskriptiv umzugehen. Sie können den Forschenden auch helfen, Denkblockaden zu überwinden bzw. aus immer gleichen Denkmustern auszubrechen. In der empirisch gegründeten qualitativen Forschung wird mit dem Prinzip der Komparation in unterschiedlich reflektierter Weise umgegangen. Ein Grund dafür kann in der unzureichenden Aufarbeitung dieses Ansatzes in der methodologischen Diskussion der Chicagoer Schule der 30er Jahre gesehen werden, in der dieses Prinzip seine Wurzeln hat. Erst in Glaser & Strauss (1967) wird die Komparation zum permanenten Prinzip qualitativer Theoriegenese erhoben.

Es ist eine häufig angeführte Vorhaltung der quantitativen Forschungsrichtung gegen qualitative Arbeiten, daß diese keine große Relevanz besäßen, da ihre Ergebnisse auf einzelne Fälle beschränkt blieben. Das Prinzip der Komparation in interpretativer Forschung hebt die empirischen Untersuchungen und Analysen über den Status von Fallanalysen hinaus. In dem Vergleich verschiedener Fälle treten Dimensionen zutage, die bei Einzclanalysen nicht in vergleichbar kontrollierter Weise rekonstruiert werden können. Die Ergebnisse werden somit dichter und empirisch gehaltvoller. Ziel ist es, auf diese Weise die Repräsentanz der verwendeten bzw. generierten Begriffe zu belegen und zu erhöhen.

Theoriegenese und Komparation hängen eng zusammen. In der Formulierung der die Analyse eines jeden Ausschnittes vorläufig abschließenden Zusammenfassung (s. II:2.2.2.1) können erste, noch eher spekulative Anstöße für eine Theoriegenese gegeben werden. Im (gezielten) Vergleich mit anderen Ausschnitten können dann Ungereimtheiten auftreten und in der (weiteren) Theoriegenese Berücksichtigung finden. Die Formulierung der Theorieelemente erfolgt in diesem Rahmen grundsätzlich als Generierung von Hypothesen (s.o.); denn erstens wird davon ausgegangen, daß sie falsifizierbar sind, und zweitens wird kein unbegrenzter Geltungsanspruch erhoben.

2. Drei Forschungsbeispiele

Bei der Auswahl der folgenden Forschungsarbeiten wurde darauf verzichtet, einen breiten Überblick über den Stand der Forschung zu geben, und zwar zugunsten dreier exemplarischer Besprechungen: Mehans „Learning Lessons" (1979), Wood et al. „Rethinking Elementary School Mathematics. Insights and Issues" (1993a) und Beck & Scholz" „Beobachten im Schulalltag" (1995). Die Besprechungen sind exemplarisch in zweierlei Hinsicht: Zum einen stellen sie Beispiele für recht verschiedene Arbeiten der Interpretativen Unterrichtsforschung dar; zum anderen wird es in den Besprechungen möglich, die entwickelten Beschreibungskriterien beispielhaft anzuwenden.

Alle drei Arbeiten haben zwei Ähnlichkeiten: Es handelt sich um Untersuchungen in Grundschulen, und diese Untersuchungen erstrecken sich über ausgedehnte Zeiträume, nämlich von ein bis vier Jahren. Ansonsten setzen die jeweiligen Forschungsansätze unterschiedliche Schwerpunkte. Mehans „Learning Lessons" kann als ein Klassiker der Interpretativen Unterrichtsforschung gelten. In der genannten Veröffentlichung konzentriert er sich darauf, Kommunikationsstrukturen in Unterricht aufzudecken. Seine Arbeit ist eher ehtnomethodologisch als kognitiv-konstruktivistisch orientiert, wobei er sie selbst der konstitutiven Ethnographie zuordnet. Den fachlichen Inhalt des jeweiligen Unterrichts bezieht er in seine Untersuchungen nicht ein. Wood et al. dagegen, die eher vom kognitiven Konstruktivismus kommen, führen schulfachspezifische Untersuchungen durch und entwickeln Elemente einer Theorie fachlichen, und zwar mathematischen Lernens in schulischer Interaktion. Forschungsmethodisch gehen sie dabei mikroethnographisch vor. Beck und Scholz sind eher pädagogisch-psychologisch als kognitiv-konstruktivistisch oder ethnomethodologisch orientiert. Sie legen ihren Schwerpunkt auf das Beobachten und Beschreiben verschiedenster Unterrichtsszenen, d.h., sie untersuchen sowohl diverse fachliche Szenen als auch fachneutrale, und machen Unterricht dadurch ein Stück transparenter. Ihr Vorgehen ist wie das Mehans ethnographisch.

Wir haben die Arbeiten damit grob unterschieden nach Forschungsmethode (ethnomethodologisch/mikroethnographisch) und nach der Berücksichtigung der auf das jeweilige Schulfach bezogenen inhaltlichen Dimension (spezifisch/divers/neutral). Diese Verschiedenartigkeiten und Ähnlichkeiten der drei Arbeiten lassen sie uns als geeignete Auswahl für einen Einblick in das Forschungsfeld erscheinen.

Selbstverständlich gibt es wesentlich mehr (auch inhaltlich besprechenswerte) Arbeiten in diesem Forschungsparadigma – etwa zur Dimension Geschlecht in unterrichtlicher Interaktion (s. z.B. Jungwirth 1989). Der thematische Fokus ist aber nicht das Auswahlkriterium – außerdem werden solche Arbeiten immer auch über eine themenspezifische Suche auffindbar sein.

Zu den nun folgenden Besprechungen bleibt anzumerken, daß sie ausschließlich auf die jeweiligen Publikationen fokussieren und die Arbeit ihrer Autoren darüber hinaus nicht berücksichtigen.

2.1 Mehan: Learning Lessons (1979)
(Naujok)

1979 erschien Mehans Monographie „Learning Lessons". Sie kann als eine der ersten Publikationen zu Unterricht im interpretativen Forschungsparadigma gelten, auch wenn Mehan seine eigene Verortung zunächst nicht so nennt.[10] (Im deutschsprachigen Raum ist ein Jahr zuvor Terharts (1978) Monographie „Interpretative Unterrichtsforschung" erschienen.) Mehan nennt den von ihm verfolgten Ansatz „constitutive ethnography", also „konstitutive Ethnographie".

Der Titel „Learning Lessons" ist mindestens doppeldeutig. Die wörtliche Übersetzung könnte „Lernstunden" heißen in dem Sinne, daß das Thema Stunden sind, in denen gelernt wird. Möglich ist aber auch „Unterrichtsstunden lernen"; das klingt im Deutschen zwar etwas plump, wird u.E. jedoch dem Inhalt der Monographie besser gerecht. Es geht in der Arbeit zum einen darum, die Struktur und Strukturierung von Unterrichtsstunden als Elemente von Unterrichtsalltag forschend zu begreifen; zum anderen gehört dazu ein Erfassen und Nachzeichnen des Prozesses, wie Schülerinnen und Schüler einer Lerngruppe selber lernen, solche Unterrichtsstunden zu begreifen, sie zu gestalten und darin zu handeln. Im Rahmen der im ersten Teil der vorliegenden Publikation entwickelten Kriterien ist Mehans Arbeit als soziologisch orientiert zu beschreiben. Bezogen auf die Inhaltlichkeit eines Schulfaches bleiben die Untersuchungen neutral.

Das Projekt fand im Schuljahr 1974/75 statt. Courtney B. Cazden, Kollegin von Mehan und als Professorin an der Harvard Graduate School of Education tätig, ließ sich für dieses eine Jahr beurlauben und ging als Lehrerin an eine öffentliche Grundschule im Südosten von San Diego, wo Mehan

---

10 Im Schlußkapitel allerdings schreibt Mehan davon, daß sich in der erziehungswissenschaftlichen Forschung eine neue Richtung abzeichnen würde, und zwar in einem interpretativen Rahmen („within an interpretive framework" (Mehan 1979, 180)).

zu der Zeit Direktor des Lehrerausbildungsprogramms der University of California San Diego (UCSD) war. Das Einzugsgebiet der Schule war depriviert: schlechter Ausbildungsstand, hohe Arbeitslosigkeit, große Armut; die Bevölkerung setzte sich hauptsächlich aus Afro- und Mexiko-Amerikanern zusammen. Bei der Beobachtungsklasse handelte es sich um eine jahrgangsübergreifende Lerngruppe der Schuljahre 1 bis 3.

Mehan leitete die Beobachtungen und Untersuchungen, die sich über einen Zeitraum von einem Schuljahr erstreckten. In der ersten Schulwoche wurde die erste Stunde jeden Tages video-aufgezeichnet, danach etwa während jeder dritten Woche eine Stunde täglich. Es handelte sich jeweils um Phasen lehrergelenkten Unterrichts. Im Zentrum des Interesses standen die Fragen, wie die Lehrerin und die Schülerinnen und Schüler im Verlaufe eines Schuljahres Interaktion sozial organisieren (S. 1)[11] und wie die Sozialisation der Schülerinnen und Schüler in die akademischen und normativen Anforderungen der Schulklasse (S. 26) vollzogen wird. Die Beschreibung dessen zeigt, wie sich der Lehr-Lern-Prozeß in alltäglichen Schulsituationen entfaltet (S. 1).

Im letzten Abschnitt des letzten Kapitels (S. 204ff.) äußert Mehan sich zu den Adressaten der Arbeit. Er wird dabei sehr grundsätzlich und geht über die zu besprechende Publikation hinaus, indem er gewissermaßen ein forschungsethisches Plädoyer verfaßt. Sozialwissenschaftler hätten wie Naturwissenschaftler die implizite Verpflichtung, die Ergebnisse ihrer Arbeiten an ihre Kollegen zu vermitteln. Wer aber in Bereichen des Lehrens und Lernens forsche, sei darüber hinaus der (pädagogischen) Gemeinschaft insgesamt verpflichtet. Wir haben diesen Punkt eingangs (s. I:1.) als ein Spezifikum von Unterrichtsforschung herausgestellt. Mehan geht aber noch einen Schritt weiter. Er ist der Meinung, es reiche nicht, lediglich den Adressatenkreis zu ändern, vielmehr müsse schon der Forschungsprozeß anders gestaltet werden, nämlich so, daß die Beteiligten selber Einfluß darauf nehmen können. Forschung müsse gemeinsam mit Erziehern und Eltern durchgeführt werden. Auf diesem Wege kommt Mehan zu dem, was er „participatory research" nennt. Dem Sinn nach wäre dieser Begriff u.E. am passendsten mit „beteiligende Forschung" oder „Beteiligungsforschung" zu übersetzen.[12]

Mehans Plädoyer ist eher als ein in die Zukunft gerichteter Anspruch zu verstehen, als daß es in der diskutierten Arbeit bereits umgesetzt worden wäre. Wir haben es hier mit einem Sonderfall zu tun, da die Lehrerin zwar durchaus an der Forschung beteiligt war, selber aber gewissermaßen hauptberuflich Wissenschaftlerin war und lediglich für das Projekt noch einmal auf ein Jahr in die Schule gegangen ist – ein nicht ganz alltäglicher Umstand.

---

11 Verweise in dieser Kurzform beziehen sich in diesem Abschnitt stets auf Mehan 1979.
12 Hier läßt sich eine Verbindung zur Aktions- bzw. Handlungsforschung erkennen. Näheres dazu in Altrichter & Posch 1994.

Die Veröffentlichung dieser Untersuchung ist in fünf Hauptkapitel gegliedert:

Kap. 1	Looking inside Schools	Einblick-Nehmen in Schulen
Kap. 2	The Structure of Classroom Lessons	Die Struktur von Unterrichtsstunden
Kap. 3	The Structuring of Classroom Lessons	Das Strukturieren von Unterrichtsstunden
Kap. 4	Competent Membership in the Classroom Community	Kompetente Mitgliedschaft in der Klassengemeinschaft
Kap. 5	Conclusions.	Schlußfolgerungen.

Die methodischen und methodologischen Ausführungen finden sich im ersten und im letzten Kapitel; die drei mittleren Kapitel sind der Darstellung von Ergebnissen mit unterschiedlicher Schwerpunktsetzung gewidmet.

2.1.1 Beobachtung und Analyse von Unterrichtsalltag

Mehan zufolge ist bei Studien, die bis dahin den Einfluß von Schule untersuchten, immer vernachlässigt worden, was dort unter alltäglichen Umständen tatsächlich passiert. Unterrichtliche Abläufe seien wie eine „black box" behandelt worden. Eher sei von außen versucht worden, auszumachen, was für eine Rolle die Anzahl vorhandener Schulbücher, das Angebot von Speisesälen oder die Klassengröße spielen, als daß die Untersuchungen in den Klassen selbst stattgefunden hätten (s. ebd., 4f.). Sein Interesse gilt der Untersuchung der Strukturen des Unterrichtsalltags bzw. dem Prozeß seiner Konstituierung, d.h. den Strukturierungen. In dem Vergleich von unterrichtlichen Konversationsstrukturen mit außerschulischen sieht er ein Mittel, Erkenntnisse über den Zusammenhang von Beschulung und Gesellschaft im ganzen zu gewinnen (S. 190). Somit stellt er die Untersuchung von Schulalltag in einen größeren soziologischen Zusammenhang.

Die Ergebnisse zum Verhältnis zwischen Konversation im außerschulischen und im schulischen Alltag werden in einem Abschnitt des letzten Kapitels dargestellt. Mehan sieht viele Ähnlichkeiten, aber auch entscheidende Unterschiede. Zu den Ähnlichkeiten gehört:

– es gibt feste Regeln, z.B. für den Sprecherwechsel;
– jedes Gespräch ist in Sequenzen organisiert;
– Überlappungen sprachlicher Äußerungen von verschiedenen Personen werden in der Regel vermieden.

Die Unterschiede lassen sich in einer Tabelle übersichtlich darstellen:

Alltagsgespräche	Gespräche im Unterricht
Jede Seite hat die Möglichkeit, die Richtung des Gesprächs und die Themen zu bestimmen.	Die Lehrerin lenkt und bestimmt das Unterrichtsgespräch.
Der nächste Sprecher ist nach jedem Turn[13] frei verhandelbar.	Im Unterricht ist es in den meisten und längsten Phasen Sache der Lehrerin, den nächsten Sprecher zu bestimmen.
Alltagsgespräche weisen im allgemeinen eine zweiteilige sequentielle Struktur aus sogenannten ‚adjacency pairs'[14] auf.	Unterrichtsgespräche weisen im allgemeinen eine Struktur aus dreiteiligen Sequenzen auf: Initiation-Reply-Evaluation.

Kinder kommen zum Schulanfang mit einer Reihe von verinnerlichten Konversationsregeln in die Klasse und müssen als Schülerinnen und Schüler neue und spezifische hinzulernen. Mit Bezug auf Schütz (1971/72, Bd. 1) vergleicht Mehan diese Situation mit der Sozialisation von Fremden in eine neue Kultur. Unseres Erachtens besteht hier ein wesentlicher Unterschied darin, daß alle Kinder gleichermaßen fremd und insofern vielleicht gar nicht mehr als fremd zu bezeichnen sind, während die einzige „andere" Person die Lehrerin ist – allerdings kommen der Lehrerin bei der Bestimmung der neuen Regeln eine besondere Verantwortung und Rolle zu.

2.1.2 Art und Genese der theoretischen Produkte

Mehan unterscheidet zwei bis dahin gängige Verfahrensweisen in Schulbzw. Unterrichtsforschung und kritisiert beide. Feldstudien seien zu wenig systematisch und methodisch ausgereift; „correlational studies", also Studien, in denen quantitativ nach Korrelationen gesucht wird, erlaubten keine Aufschlüsse über den Erziehungs- bzw. Bildungsprozeß. Konstitutive Ethnographie dagegen ermögliche andere Erkenntnisse, indem sie nicht nur daran arbeite, Verhaltensmuster zu beschreiben oder die Korrelation zwischen verschiedenen Phänomenen aufzuzeigen, sondern sich auf die interaktive Arbeit konzentriere, in der soziale Strukturierungshandlungen vollzogen (und somit soziale Strukturen hervorgebracht) würden. Diese Erwägungen haben stark

---

13 Der Begriff ‚turn' kommt aus der englischsprachigen Konversationsanalyse und ist mit ‚Redezug' zu übersetzen. Ein Redezug ist die Äußerungseinheit innerhalb eines Gespräches, die eine sprechende Person zwischen zwei Sprecherwechseln, d.h. zwischen den Grenzen zum vorhergehenden und anschließenden Redezug äußert. In dieser Publikation wird der Begriff eingedeutscht verwendet.
14 Auch ‚adjacency pair' ist ein Begriff aus der englischsprachigen Konversationsanalyse. Er wird meist mit ‚Paarsequenz' übersetzt. Eine solche Paarsequenz ist zum Beispiel mit den benachbarten Redezügen Frage und Antwort gegeben. S. z.B. Schegloff & Sacks 1973, auch Streeck 1983.

ethnomethodologischen Charakter, doch distanziert Mehan sich von der Ethnomethodologie. Die Ethnomethodologie sei als pendelartige Bewegung gegen die ausschließliche Konzentration der Soziologen auf die Regularitäten sozialer Strukturen nun ausschließlich an den Hervorbringungsmethoden der Beteiligten interessiert. In konstitutiven Studien sieht Mehan die Möglichkeit, Strukturen und Strukturierungsprozesse gleichermaßen zu untersuchen. (S. 9ff.)

Konstitutive Ethnographie zeichnet sich neben dem, was sie fokussiert, auch durch methodologische Ansprüche bzw. Verfahrensweisen aus. Mehan nennt:

(1) retrievability of data,

(2) comprehensive data treatment,
(3) a convergence between researchers' and participants' perspectives on events, and
(4) an interactional level of analysis. (Mehan 1979, 19)

(1) Abrufbarkeit bzw. Zugänglichkeit der Daten,
(2) umfassende Datenbehandlung,
(3) eine Konvergenz zwischen den Perspektiven der Forscher und der Beteiligten auf Ereignisse und
(4) eine auf Interaktion basierende Analyseebene.

Zu (1): Im Rahmen konstitutiv ethnographischer Forschung bleiben die Daten durch die Methode der Videoaufzeichnung immer zugänglich, wieder- bzw. zurückholbar. Natürlich ist eine audiovisuelle Aufzeichnung auch schon perspektivisch und nicht dasselbe wie die originale Situation, doch ist die Nähe zum Original sozusagen maximal. Die audiovisuellen Daten erfahren eine Transkription und es gibt Feldnotizen, die in die Analysen einbezogen werden, doch kann immer wieder auf das originalnahe Video zurückgegriffen werden.

Zu (2): Die leitende Verfahrensweise der konstitutiven Forschung verlange, daß in die Analyse alle Daten einbezogen werden müßten, wenn man eine vollständige Beschreibung sozialer Interaktion leisten wolle. Diese Verfahrensweise werde verfolgt, weil man davon ausgehe, daß Menschen in sozialen Situationen unablässig Sinnzuschreibungen vornehmen. Die Teilnehmenden handelten selbst in anomalen Situationen in einer irgendwie sinnvollen Art; deshalb dürften auch diese nicht unanalysiert bleiben (s. Mehan 1979, 21).

Man muß hier zweckmäßigerweise wohl auch nach dem Umfang des Datenmaterials entscheiden. Mehan hat aus seinem Korpus neun Stunden ausgesucht und vollständig analysiert. Hier stellt sich allerdings die Frage, inwieweit das „comprehensive", d.h. umfassend, (zu nennen) ist.

Zu (3): Was ein Forscher als Phänomen darstellt, müsse auch von den Teilnehmenden als Phänomen wahrgenommen bzw. behandelt werden. Die Beschreibung der Organisiertheit eines Ereignisses besitze nur dann Gültigkeit, wenn die Teilnehmer ihre Interaktion innerhalb dieses Ereignisses an dem Phänomen orientierten. Um etwas über die Perspektive der Teilnehmenden zu erfahren, werden sie aber nicht dazu befragt, es gehe vielmehr darum, daß sie das

Phänomen des Forschers durch ihre Aktivitäten sichtbar machten – besonders wenn vom Forscher erwartete Formen von Interaktion plötzlich fehlen (s. Mehan 1979, 23). In Hinblick auf diese Vorgehensweise ist kein Unterschied zwischen Mehans Arbeit und ethnomethodologischen oder konversationsanalytischen zu erkennen.

Zu (4): Ausgehend davon, daß Ereignisse im Unterricht sozial organisiert sind, müsse eine konstitutive Analyse diese Organisierung in der Interaktion selbst, d.h. in den verbalen und nonverbalen Äußerungen der Beteiligten, suchen. Auch hier bleibt Mehan ethnomethodologisch und zitiert entsprechend Sacks (1963):

‚If it is a phenomenon, it must be in the interaction' (Mehan 1979, 24).

‚Ist es ein Phänomen, so ist es in der Interaktion'.

Der Art der Ergebnisse, die konstitutive Ethnographie hervorbringt, ist in „Learning Lessons" der erste Abschnitt des letzten Kapitel gewidmet. In der Ethnographie geht es nicht darum, zu überraschenden Ergebnissen zu kommen oder irgendwelche Voraussagen zu machen; vielmehr sollte das stillschweigende bzw. implizite Wissen („tacit knowledge"[15]) der Mitglieder einer Gruppe gehoben und beschrieben werden (s. 173ff.). Mit dieser Art von Forschung kann ein Vokabular generiert werden, das den Beteiligten erleichtert, ihr eigenes stillschweigendes Wissen in Worte zu fassen.

Auch die unvermeidbare Frage nach der Bestätigung der Ergebnisse in anderen wissenschaftlichen Untersuchungen, etwa bezogen auf andere Klassen oder Lehrpersonen, kommt hier zur Sprache. Sie wird unter zwei Stichworten behandelt:

– Reproduzierbarkeit und
– Generalisierbarkeit.

Üblicherweise werde das Kriterium der Reproduzierbarkeit in Sozialwissenschaften unter dem Begriff Reliabilität bzw. Zuverlässigkeit behandelt und auf das Kodieren von Daten bezogen. Bei der vorliegenden Arbeit könne das etwa wie folgt aussehen: Man beschreibt einem unabhängigen Untersucher die Unterrichtsstunden, gibt ihm dann das Datenmaterial an die Hand und läßt ihn versuchen, das im Forschungsprozeß generierte Interaktionsmodell zu reproduzieren. Starke Abweichungen würden dann darauf hinweisen, daß es sich um ein recht privates Modell handelt.

Diese Definition von Reproduzierbarkeit halten wir allerdings für problematisch. Man müßte dem unabhängigen Untersucher eine Menge mitteilen, um ihn auf denselben Gedankenweg zu schicken. Theoriegenerierung birgt schließlich sehr individuell-kreative Elemente. Unseres Erachtens kommt es darauf an, daß ein generiertes Modell auch für Unabhängige nachvollziehbar und anwendbar ist. Nicht das Modell muß reproduzierbar sein,

---

15 S. Garfinkel 1967.

sondern die Analysen und Beschreibungen, die mit seiner Hilfe vorgenommen werden.

Der Grad der Generalisierbarkeit bezieht sich Mehan zufolge in der konstitutiven Ethnographie weniger auf zahlenmäßige Korrelationen als auf strukturelle Ordnungen und Zusammenhänge:

The phenomena in constitutive ethnography are structural, not statistical. (Mehan 1979, 177)

In konstitutiver Ethnographie sind die Phänomene strukturell, nicht statistisch.

Die Ergebnisse der Arbeit zur Struktur der Unterrichtsinteraktion beziehen sich auf eine sequentielle und eine hierarchische Dimension. Sie werden weiter unten dargestellt. Um die Frage nach der Generalisierbarkeit dieser Ergebnisse beantworten zu können, müsse das Wiederauftreten dieser Strukturen untersucht werden:

When the generalizability of these findings is testet, the recurrence of those tying structures will be investigated. (Mehan 1979, 178)

Wird die Generalisierbarkeit dieser Ergebnisse überprüft, so wird das Wiederauftreten dieser bindenden Strukturen untersucht werden.

Hier läßt sich eine scheinbare Parallele zu dem erkennen, was oben (s. I:1.2) unter dem Begriff Repräsentanz diskutiert wurde. Die Frage wäre, ob die beschriebenen (und theoretisch generierten) Strukturen im Material wiederkehren und insofern Repräsentanz für dieses Material besitzen. Mehan geht es jedoch um etwas anderes: Er möchte die Strukturen in anderen Settings testen und argumentiert somit doch eher noch in einer dem positivistischen Paradigma verhafteten Weise. In den weiteren Ausführungen nennt er dann auch andere Forschungsarbeiten, die zu vergleichbaren Ergebnissen kommen und verwendet diese quasi stützend für die Repräsentativität seiner eigenen Untersuchungen. Auch Cazden vertritt im Vorwort die Ansicht, daß Ähnlichkeiten, die in verschiedenen Lerngruppen auszumachen sind, Hinweise auf allgemeine Charakteristika von Unterrichtsgesprächen seien (Mehan 1979, XIf.). Beide beschränken sich nicht auf die Erhebung eines lokalen Gültigkeitsanspruches, sondern argumentieren für eine Generalisierbarkeit der Arbeit, die dann auf induktiven Schlüssen basieren würde (s. Peirce 1970, 357-388; Bohnsack 1993, 12; Kelle 1994, 115-131).

Inhaltlich beziehen sich die Ergebnisse zum einen auf verschiedene Ebenen der Organisationsstruktur und darauf, wie diese Strukturen hervorgebracht wurden bzw. auf die Prozesse des Strukturierens; zum anderen wurde herausgearbeitet, wie und wodurch eine Schülerin oder ein Schüler zu einem kompetenten Mitglied dieser Klassengemeinschaft wurde:

Kap. 2 The Structure of Classroom Lessons   Die Struktur von Unterrichtsstunden
Kap. 3 The Structuring of Classroom Lessons   Das Strukturieren von Unterrichtsstunden
Kap. 4 Competent Membership in the Classroom Community.   Kompetente Mitgliedschaft in der Klassengemeinschaft.

Zu Kap. 2: Die Organisationsstruktur der Interaktion im Verlauf der analysierten Unterrichtsstunden weist, wie oben erwähnt, eine sequentielle und eine hierarchische oder auch ‚horizontale' Dimension auf. Die sequentielle Strukturierung verläuft entlang der Zeitachse und läßt sich in drei Hauptphasen gliedern: die Eröffnung, die Durchführung oder Instruktionsphase und die Schließung der Stunde. In der Eröffnung und in der Schließung gibt die Lehrerin Informationen oder Anweisungen, während im mittleren Teil der Stunde die primäre Aktivität im Austausch von fachspezifischen Informationen besteht: Fakten, Meinungen, Interpretationen von Fachmaterial und Begründungen für Gedankengänge.

Die drei Unterrichtsphasen lassen sich auf verschiedenen hierarchischen Ebenen selbst weiter in kleinere untergeordnete Einheiten gliedern. Hier sei lediglich auf die kleinstteilige Ebene in der Instruktionsphase eingegangen. Sie besteht aus dreiteiligen Sequenzen. Auf eine Initiierung der Lehrerin folgt eine Erwiderung durch eine Schülerin oder einen Schüler und darauf eine Evaluierung der Lehrerin:

Initiation – Reply – Evaluation (I-R-E).

Initiierung und Erwiderung bilden ein ‚adjacency pair'. Diese zweiteilige Paarsequenz bildet dann den ersten Teil der folgenden Paarsequenz, deren zweiter Teil in der Evaluierung der Lehrerin besteht. Die Lehrerin evaluiert nicht nur die Schülerantwort, sondern die gesamte erste minimale Gesprächssequenz in Hinblick darauf, ob die Schülererwiderung auch den Anspruch erfüllt, der durch die Lehrerinitiierung erhoben oder geöffnet wurde. Dabei folgen bestimmte Arten der Erwiderung auf bestimmte Arten der Hervorlokkung (s. Mehan 1979, 50ff.).

Wenn auf eine Initiierung nicht unmittelbar eine Erwiderung folgt, werden diese Sequenzen so lange fortgesetzt bzw. so weit ausgedehnt, bis eine Symmetrie[16] zwischen der Initiierung und der Erwiderung hergestellt ist (‚extended sequences of interaction'), wobei verschiedene Strategien eingesetzt werden können.

Die einzelnen Komponenten der sequentiellen und hierarchischen Struktur der Unterrichtsstunde lassen sich anhand verbaler, paraverbaler und kinesischer Markierungen von Übergängen rekonstruieren. Zwischen den Markierungen und den Strukturen besteht u.E. eine wechselseitige Abhängigkeit: Zum einen sind die Markierungen Hinweise auf eine Orientierung der Beteiligten an den Strukturen; zum anderen werden die Strukturen auch mit diesen Markierungen hervorgebracht.

In dem untersuchten Unterricht ist nicht jede Interaktion von der Lehrerin initiiert. Von Schülern initiierte Interaktionen wiesen häufig eine andere

---

16 Mit „symmetrische Kommunikation" wird hier nicht auf Machtstrukturen zwischen den Interaktanten referiert; vielmehr bezieht sich „Symmetrie" in dieser Verwendung von Mehan auf ein ausgeglichenes Verhältnis zwischen Initiation und Erwiderung.

sequentielle Strukturierung auf; sie waren in dem Untersuchungsmaterial auch nicht gleichmäßig verteilt, sondern kamen am Ende des Schuljahres deutlich häufiger vor als zu Beginn; außerdem waren sie nicht zufällig über die jeweilige Unterrichtsstunde verteilt, sondern traten an bestimmten Stellen auf.

Zu Kap. 3: Soziale Organisiertheit ist als interaktive Hervorbringung beschrieben worden; damit rücken Strukturierungshandlungen in den Fokus. Die Untersuchung zeigt, daß und wie Lehrer und Schüler sich an Prozessen der Zuweisung von Rederecht beteiligen, die den ordentlichen Verlauf der Interaktion ermöglicht. Mehan schreibt in diesem Zusammenhang der ethnomethodologischen Konversationsanalyse folgend von einer ‚Turn-Zuweisungs-Maschinerie'. Sie besteht aus zwei Sets von Prozeduren:

1) aus den Basis-Turn-Zuweisungs-Prozeduren und
2) aus Improvisationsstrategien.

Unter normalen Unterrichtsbedingungen kommt das erste Set zur Bestimmung des nächsten Sprechers zum Tragen; die Improvisationsstrategien stehen gewissermaßen ergänzend zur Verfügung, um spontan auf unerwartete Umstände reagieren und die Interaktion dann am Laufen halten zu können.

Zu (1): In dem empirischen Material hat Mehan die folgende drei Turn-Zuweisungsprozeduren ausgemacht:

- individuelle Nominierung (verbal, z.B. Name; nonverbal, z.B. Körperorientierung, Blickkontakt)
- Aufforderung aufzuzeigen
- Aufforderung, direkt zu antworten.

Zu (2): Als Improvisationsstrategien führt Mehan auf:

- das Ignorieren eines nicht-eingeforderten Beitrags, das wie eine milde Sanktion wirke;
- das Aufgreifen einer brauchbaren Schüleräußerung, die unter Verletzung der Prozeduren hervorgebracht wurde und damit das Durchgehen-Lassen dieser Verletzung zum Zwecke des Durchkommens in schwierigen Unterrichtssituationen;
- das indirekte Erweitern des aktiven Gesprächskreises, wenn ein aufgerufener Schüler eine falsche Antwort gibt oder den Turn ablehnt, die Sprecherrolle also wieder offen ist und ein anderer Schüler direkt antwortet, bevor die Lehrerin wieder das Wort ergreift, um eine erneute Zuweisung vorzunehmen.
- das Akzeptieren von Unerwartetem.

Die Turn-Zuweisungen wurden teilweise strategisch vorgenommen. Die Anwendung bestimmter Prozeduren zu bestimmten Gelegenheiten spiegelte dann eine Beziehung zwischen dem Plan der Lehrerin und der tatsächlich aktuellen Situation in der Klasse wieder. Durch die Anwendung strategischer

Verfahren produzierte die Lehrerin für verschiedene Schüler unterschiedliche Gelegenheiten zu antworten.

Schüler müssen ihr Verhalten an den Prozeduren der Turn-Zuweisung orientieren, wenn sie im Unterricht zu Wort kommen möchten. Dazu müssen sie interpretative Arbeit leisten. Sie müssen die subtilen Hinweise verstehen, die anzeigen, welche Prozedur in welchem Moment angewendet wird. Dabei haben sie mitunter Schwierigkeiten, besonders wenn die Improvisationsstrategien der Lehrerin mit den Grundregeln konfligieren.

Zu Kap. 4: Um effektiv am Klassengeschehen teilnehmen zu können mußten die Schülerinnen und Schüler in der Lage sein, ihr akademisches Wissen mit interaktiven Fertigkeiten zu verbinden.[17] Bei der interaktiven Kompetenz unterscheidet Mehan zwei Dimensionen: eine kommunikative und eine interpretative.

Was den kommunikativen Aspekt betrifft, müssen die Schülerinnen und Schüler wissen, mit wem sie wann sprechen können, d.h. neben ihrem akademischen Wissen müssen sie auch Wissen darüber an- und einbringen, wie sie das tun können. Innerhalb der Klasse müssen dazu Regeln ausgehandelt werden. Außerdem müssen die Schülerinnen und Schüler erkennen, um welche Art von Sprechakt es sich bei der Lehrerin handelt, damit sie eine Erwiderung hervorbringen können, die zu kommunikativer Symmetrie führt. Ferner müssen sie lernen, wie sie selber Initiative ergreifen können. Dazu reichte in der untersuchten Klasse beispielsweise nicht ein bloßer Kommentar, vielmehr mußten die Schülerinnen und Schüler dazu neue interessante Ideen einbringen. Im Verlauf des untersuchten Jahres war ein Wachsen dieser Fähigkeiten zu beobachten.

Interpretationsleistungen, die zweite Dimension der interaktiven Kompetenz, sind insofern notwendig, als viele Regeln der Klassenzimmerkultur implizit und nicht explizit sind. Erfolg hängt hier von der Fähigkeit ab, soziales und akademisches Verhalten mit einer konkreten Situation im Unterricht in Beziehung zu setzen.

2.2 Cobb, Yackel & Wood: Das Purdue Problem-Centered Mathematics Project (1993) (Krummheuer)

Die drei Autoren Cobb, Yackel und Wood berichten in einer Monographie-Reihe des National Council of Teachers of Mathematics der USA (Wood et al. 1993a) über ihr von der amerikanischen National Science Foundation ge-

---

17 Natürlich müssen in der Synchronisation auch die fachlichen Inhalte berücksichtigt sein. Erickson unterscheidet hierzu zwischen einer ‚academic task structure' (ATS) und einer ‚social participation structure' (SPS) (s. Erickson 1982 u. II:3.1.1).

fördertes Projekt „The Purdue Problem-Centered Mathematics Project". Ihr Buch richtet sich an einen wissenschaftlich interessierten Leserkreis. Die Veröffentlichung ist theorieorientiert und erhebt weder im Vorwort noch im Duktus der Ausführungen den Anspruch, für eine breitere Öffentlichkeit, wie etwa Mathematiklehrer, Schulpädagogen oder betroffene Eltern, geschrieben zu sein. Die Autoren heben in der Einleitung jedoch hervor, daß eine Veränderung von Schule nur in Kooperation mit Lehrern erfolgen kann (Cobb et al. 1993, 2). Ihr vorwiegend theoretisches Anliegen reicht u.E. weit über den Bereich der Mathematikdidaktik hinaus: Es geht ihnen um die Klärung des Verhältnisses zwischen einer psychologischen Perspektive auf Lernen unter den Bedingungen von Schule und einer soziologischen Perspektive auf das Interaktionsgeschehen im Unterricht als konstitutiver Bedingung fachbezogenen Lernens.[18] In der Monographie wird die Weiterentwicklung ihrer Theorie während der Projektzeit dokumentiert. Es wird ausgeführt, wie die anfänglich stark psychologisch orientierte Sichtweise auf schulisches Lernen in der videogestützten Auseinandersetzung mit Episoden aus Klassenunterricht und Schülergruppenarbeit als zunehmend unzureichend erkannt wurde und wie das erfahrene Theoriedefizit mit Hilfe mikrosoziologischer Ansätze zu beheben versucht wurde.

In dieser Hinsicht erscheint uns das Forschungsprojekt in exemplarischer Weise eine seit längerem beobachtbare Entwicklung im Rahmen der (qualitativen) Unterrichtsforschung zu repräsentieren: die zunehmende Umorientierung von einer genuin psychologisierenden Sicht auf schulisches Lernen auf einen auch soziologische Sichtweisen integrierenden Theorierahmen (s.o. I:1). Es erscheint uns auch nicht zufällig, daß diese theoretischen Reflexionen in profunder Weise gerade in (fach)didaktischer Unterrichtsforschung stattfinden: Soll nämlich diese Umorientierung empirisch begründet werden, dann muß die Analyse von Unterrichtsprozessen bis in die Details fachinhaltlicher Aushandlungsprozesse vordringen. Dies ist seit jeher die Domäne der Fachdidaktiken; mit den zu beschreibenden Koordinations- und Integrationsbemühungen von psychologischen mit soziologischen Theorien überschreitet diese Forschung jedoch deutlich das von den Fachdidaktiken besetzte Terrain.

Die Darstellung des Forschungsprojektes gliedert sich in der Monographie wie folgt:

- Introduction: Background of the research (Cobb et al. 1993a, 1-4)
- Second Grade Classroom: Psychological Perspective (Wood 1993a, 7-14)
- Creating an environment for learning mathematics: Social interaction perspective (Wood 1993b, 15-20)

---

18 Diese Fragestellung ist im Anschluß an dieses Projekt in einem deutsch-amerikanischen Kooperationsprojekt mit dem Titel „The coordination of psychological and sociological perspectives in mathematics education", gefördert von der Spencer-Foundation, noch vertieft worden (s. Cobb & Bauersfeld 1995).

- Theoretical orientation (Cobb et al. 1993b, 21-32)
- Developing a basis for mathematical communication within small groups (Yackel et al. 1993a, 33-45)
- The relationship of individual children's mathematical conceptual development to small group interactions (Yackel et al. 1993b, 45-54)
- The nature of whole-class discussion (Wood et al. 1993b, 55-68).

Auch auf diese Veröffentlichung, bei der die Kapitel verschiedenen Autoren (Gruppen) zugeordnet sind, verweisen wir im folgenden ausschließlich mit Seitenzahlen.

2.2.1 Beobachtung und Analyse von Unterrichtsalltag

Der anfängliche theoretische und methodologische Hintergrund des Projektes ist geprägt von dem Forschungsansatz des „teaching experiment" des amerikanischen Mathematikdidaktikers Steffe (z.B. Steffe et al. 1983) und den Grundannahmen des Radikalen Konstruktivismus (z.B. von Glasersfeld 1987). Beide Ansätze basieren auf den Arbeiten von Piaget. So wird in einem teaching experiment zunächst mit Hilfe von klinischen Interviews, also in dyadischen, laborähnlichen Interaktionssituationen, der aktuelle mathematische Wissensstand eines Schülers erschlossen. Auf dieser Grundlage wird sodann eine „teaching episode" zwischen dem Interviewer/Forscher und dem Schüler initiiert, in der dem Schüler eine Lerngelegenheit ("learning opportunity") in der Erwartung geboten wird, daß dieser seinen mathematischen Wissensstand weiterentwickelt. Grundlage dieser Lerngelegenheiten sind problemhaltige Mathematikaufgaben („„problem-centered activities"; S. 9), die von dem jeweiligen Schüler mit Routineverfahren nicht erfolgreich bearbeitet werden können. Ihre erfolgreiche Bearbeitung bedarf vielmehr einer konzeptionellen kognitiven (Neu-)Konstruktion auf seiten des Schülers. Diese Art der Aufgaben werden von den drei Autoren als in besonderer Weise den Vorstellungen des Radikalen Konstruktivismus genügend verstanden, da der Lernende hierbei sein für die Lösung der Aufgabe relevantes Wissen (neu) konstruieren muß.

Der Forschungs- und Theorieansatz von Steffe wird von Cobb, Yackel und Wood auf alltägliche Unterrichtssituationen übertragen. Die Autoren sprechen von einem „*classroom* teaching experiment" (S. 8). Hierdurch wird der Steffesche Ansatz auf das Setting einer Klasse von zwanzig und mehr Kindern erweitert, in der zudem die Lehrperson und nicht der Forscher die Unterweisung der Kinder durchführt. Aus Sicht der drei Autoren gewährleistet das einerseits eine natürlichere („more naturalistic"; S. 8), nicht-laborgeprägte Lernumgebung; andererseits wird mit der Hinwendung zu alltäglichen Unterrichtssituationen eine Theorieentwicklung angestrebt, die an die Unterrichtswirklichkeit näher heranrückt („more compatible"; S. 8). Die drei Forscher äußern die Hoffnung auf diese Weise, den Graben zwischen Theorie und Praxis in der Unterrichtsforschung ein Stück zu überbrücken.

Über diese Ausweitung der Steffeschen teaching episode auf den regulären Klassenunterricht werden weiterhin klinische Interviews mit allen Schülern der Klasse durchgeführt. Die Aufgaben dieser Interviews ist an den jeweiligen Entwicklungsstand der Schüler angepaßt.

In ihren ersten Praxiskontakten stellen die drei Autoren fest, daß die von ihnen konzipierten Aufgaben sich fundamental von den üblichen Aufgabentypen und Bearbeitungsweisen des Mathematikunterrichts der frühen amerikanischen Primarstufe unterscheiden. Das führte zu anfänglichen Akzeptanzschwierigkeiten in der Klasse. Sie entscheiden sich u.a. deswegen, ihr classroom teaching experiment für die Dauer eines Schuljahres zu konzipieren. Das zugehörige Lehrmaterial entwickeln sie selbst. Zudem wird eine intensive Einführung und Beratung für die ausgewählte Lehrerin eingeplant.

Diese Erweiterung des ursprünglichen Ansatzes führt dann zu folgendem Untersuchungsdesign:

- Über ein ganzes Jahr werden die für den Mathematikunterricht eines zweiten Schuljahres „instructional activities" entworfen.
- Die Lehrerin wird mit dem Aufgabenmaterial vertraut gemacht.
- Die Lehrerin wird für eine Unterrichtsmethode vorbereitet, in der die Schüler bei der Bearbeitung der Aufgaben eigene Lösungsideen und Begründungsansätze entwickeln und auch in und vor der Klasse thematisieren sollen.
- Die Schüler arbeiten über das gesamte Schuljahr in fast jeder Unterrichtsstunde in Partnerarbeitsphasen von ca. 20minütiger Dauer an problemhaltigen Aufgabenblättern. Die Partner sollen sich gegenseitig ihre Lösungsideen und -ansätze vortragen und im Idealfall zu einer konsentierten Lösung gelangen.
- Im Anschluß an die Partnerarbeit werden in einem Klassengespräch („whole class discussion") von ebenfalls ca. 20minütiger Dauer Lösungen und Begründungen aus der Partnerarbeitsphase vorgestellt.
- Die Mitglieder des Forscherteams machen Feldnotizen und werten die Aufgabenblätter aller Schülergruppen aus.
- Mitglieder des Forscherteams videodokumentieren den Unterricht über das gesamte Schuljahr. Diese Aufzeichnungen sind Grundlage der anschließenden Analysen.
- Zu drei Terminen im Laufe des Schuljahres werden mit sämtlichen Schülern außerhalb des regulären Mathematikunterrichts klinische Interviews zu ihrem mathematischen Wissensstand durchgeführt.

Die Vidoeaufzeichnungen werden durchgesehen, und für relevant erachtete Abschnitte werden für eine anschließende detaillierte Analyse transkribiert. Auswahlkriterien werden nicht genannt. Hinsichtlich der Interpretation dieser Verschriftlichungen verweist Wood (1993b) auf die von der Bauersfeld-

Gruppe am Institut für Didaktik der Mathematik entwickelten Techniken der Mikroanalyse mathematischen Unterrichts (Bauersfeld 1986; Krummheuer 1992; Voigt 1984)[19]. Kritisch sei hier jedoch angemerkt, daß die Analysen in der Monographie von Cobb, Yackel und Wood den methodologischen Ansprüchen dieses Verfahrens häufiger nicht genügen. Es scheint so, als folge ihre Interpretation der Transkripte an vielen Stellen eher der Methode der klinischen Interviews, wie sie den drei Autoren aus den Steffeschen teaching experiments bekannt sind.

Die klinischen Interviews werden am Anfang, in der Mitte und zum Ende des Schuljahrs durchgeführt. Sie sind so angelegt, daß aus ihnen u.a. das Verständnis des jeweiligen Schülers von Grundvorstellungen zur Addition und Subtraktion, von mathematischen Denkstrategien und vom Begriff des Zehners rekonstruiert werden kann. Diese Ergebnisse dienen als Informationen zur Unterstützung der Auswertung der Unterrichtsbeobachtungen.

2.2.2 Art und Genese der theoretischen Produkte

Durch die systematische Erweiterung des Steffeschen teaching experiments mit seiner dyadischen Interaktionsstruktur auf ein classroom teaching experiment, in dem die Interaktionsstruktur einer vollständigen Klasse zu berücksichtigen ist, verändern sich die theoretischen und methodischen Anforderungen an die Analyse des Interaktionsgeschehens. Die drei Autoren begegnen diesem Problem in zweifacher Hinsicht: Sie erweitern

1. ihren theoretischen Ansatz durch die Einbeziehung interaktionsbezogener Begriffe, vornehmlich durch den der „sozialen Norm".
2. ihre lerntheoretischen Vorstellungen durch die Konzeptionalisierung eines komplementären Verhältnisses zwischen der kognitiven und der interaktiven Dimension des (Mathematik-)Lernens.

Beide Punkte werden im folgenden weiter ausgeführt.

2.2.2.1 Die Integration interaktionsbezogener Begriffe

Die drei Autoren beschreiben, daß sie ihre anfängliche kognitiv-konstruktivistische Theoriebasis erweitern, indem sie die Perspektive des sozialen Interaktionismus zu berücksichtigen versuchen. Sie bezeichnen den hierdurch entstehenden theoretischen Ansatz als „sozialen Konstruktivismus" (S. 21). Seine Entwicklung erfolgt schrittweise: Zunächst versuchen die drei Autoren – noch relativ eng an Grundvorstellungen des Radikalen Konstruktivismus haf-

---

19 Wegen der leichteren Zugänglichkeit werden hier deutschsprachige Literaturhinweise gegeben.

tend – sozial induzierte Bedingungen für kognitive Umstrukturierungsmodelle in ihr Lernmodell einzubeziehen. Bei ihren Bemühungen, derartige Bedingungen in ihrem classroom teaching experiment zu erzeugen, erkennen sie, daß das Handeln der Schüler von sozialen Normen geprägt ist, die die von den Forschern konzipierten, sozial induzierten Lernprozesse nur erschweren bzw. nicht auszulösen helfen. Dies ist Anlaß für Cobb, Yackel und Wood, ihren theoretischen Rahmen ein zweites Mal umzustrukturieren: Sie konzipieren eine reflexive Beziehung zwischen der psychologischen und der soziologischen Dimension schulischen Lernens (s.u. 2.2.2.2).

In ihrem ersten Erweiterungsschritt von den sozial induzierten Lernprozessen argumentieren sie, daß sie das Modell der Wissenstransformation, etwa durch eine Lehrperson an die Schüler, kategorisch verwürfen aufgrund ihrer radikal-konstruktivistischen Ausgangsposition. Vielmehr müsse jeder Schüler sein eigenes Wissen aktiv auf der Basis seiner Erfahrungen und Handlungen konstruieren. Lernen finde statt, wenn der Schüler seine Handlungen reflektiere und seine interpretativen Schemata reorganisiere:

Learning occurs when individuals reflect on their activity, including sensory motor and conceptual activity, and reorganize their interpretative framework (S. 21).

Lernen findet statt, wenn Individuen über ihre Aktivität (sensomotorisch und konzeptionell) reflektieren und ihren interpretativen Rahmen reorganisieren.

Mathematiklernen im besonderen verstehen sie dann als einen Prozeß aktiven Problemlösens, da der lernende Schüler hierdurch gedanklich auf Widerstände und Widersprüche stoße, die gegebenenfalls fruchtbare kognitive Umstrukturierungen auslösten. In ihrer theoretischen Erweiterung zum sozialen Konstruktivismus nehmen Cobb, Yackel und Wood nun zusätzlich an, daß derartige innere kognitive Widersprüche und Konflikte nicht nur in „einsamer", individueller Auseinandersetzung mit einem Problem, sondern auch in sozialer Interaktion entstehen können. Hierbei berufen sie sich auf frühe Arbeiten von Piaget und auf die Weiterentwicklungen von Doise, Mugny und Perret-Clermont (S. 22). Derartige lernförderliche Potenzen werden insbesondere der Interaktion zwischen Gleichaltrigen in beiden Referenzen zugeschrieben.

Auf Basis dieser theoretischen Grundlage ist es Cobb, Yackel und Wood deshalb besonders wichtig, in der Klasse Gruppenarbeitsprozesse zu Problemlösungsaufgaben zu initiieren. Hiermit entwickeln sie eine Unterrichtskonzeption, die sich deutlich vom üblichen Unterricht der schwierigkeitsgestuften Wissenspräsentation durch die Lehrerin in Verbindung mit Schüler-Eigenaktivitäten zu Routine- und Übungsaufgaben unterscheidet. In dem durchgeführten classroom teaching experiment der drei Autoren stellt sich für sie allerdings sehr bald heraus, daß ihr Interventionsversuch nicht ausreichend konzeptionalisiert ist, um Schüler dazu zu bewegen, mit eigenen Lösungsideen und -ansätzen an die gestellten Problemaufgaben heranzugehen und diese auch entsprechend zu verbalisieren. Die Schüler glauben nämlich zunächst, daß sie (weiterhin) angehalten seien, vor allem der Lösungsidee der Lehrerin zu folgen, anstatt eigene Vorstellungen zu entwickeln und zu erproben.

Die drei Forscher ziehen hieraus den Schluß, daß die Lehrerin die sozialen Normen in der Klasse („classroom social norms"; S. 23) neu verhandeln müsse. Die Präsentation eigener Lösungsgedanken und -wege müsse positiver gewertet und das Nachahmen der Lehrerinnenlösungen bzw. das Erforschen der vermeintlich gewünschten Lösung dagegen als geringer wertig eingeschätzt werden. Mit „sozialer Norm" erweitert sich der anfängliche kognitionspsychologische Rahmen der Forschergruppe um einen weiteren interaktionsbezogenen Begriff. Hierdurch ergibt sich ein erhöhter Reflexionsbedarf hinsichtlich des Verhältnisses zwischen psychologischen und soziologischen Theorieelementen. Dies macht den zweiten Teil der Erweiterungen ihrer Theorie aus (s. II: 2.2.2) und wird im folgenden Abschnitt behandelt.

2.2.2.2 Das komplementäre Verhältnis zwischen der kognitiven und sozialen Dimension des Lernens

Die soziale Dimension erscheint in dem letztlich von den drei Autoren entwickelten Theorierahmen nicht mehr als ein zusätzlicher Aspekt, der bei der Erzeugung von kognitiven Konflikten und Widerständen zu berücksichtigen sei; sie erhält vielmehr einen zur psychologischen Perspektive gleichberechtigten Status. Die Beziehung zwischen psychologischer und soziologischer Dimension wird dabei als sich wechselseitig bedingend, d.h. reflexiv, verstanden:

we take the relationship between individual experiences and a mutually constructed social reality to be reflexive (S. 25).

wir nehmen die Beziehung zwischen individuellen Erfahrungen und wechselseitig konstruierter sozialer Realität als reflexiv an.

Systematisch entwerfen Cobb, Yackel und Wood auf diesem reflexiven Grundverständnis aufbauend ein gleichsam zweispaltiges Netzwerk von Begriffen, in dem jedem psychologischen Begriff der einen Spalte ein soziologischer in der anderen zugeordnet ist. Sie sprechen hierbei von einer Komplementarität zwischen individuumsbezogenen und interaktionsbezogenen Begriffen (S. 27).

Der vollständige Theorierahmen, der in der Projektarbeit entwickelt wurde, kann hier nicht vorgestellt werden. An zwei Beispielen soll jedoch das Komplementaritätstheorem dieses Ansatzes verdeutlicht werden.

(1) Cobb, Yackel und Wood konfigurieren zu den sozialen Normen des Unterrichts kognitive Korrelate („cognitive correlates"; S. 26) auf seiten der Beteiligten. Sie nennen sie die individuellen Vorstellungen des Lehrers und der Schüler über ihre eigenen Rollen („teacher's and children's individual beliefs"; S. 26), die der anderen und der Eigenschaften mathematischen Han-

delns allgemein. Ein gemäß der etablierten Normen reibungslos verlaufender Unterricht zeige an, daß zwischen den Vorstellungen der Betroffenen eine funktionale Passung bestehe (fit of beliefs); eine Übereinstimmung ihrer Vorstellungen (match of beliefs) sei dafür nicht notwendig. Der „fit" konstituiere die sozialen Normen, die ihrerseits als geteilt geltend („taken-as-shared"; S. 26) zu verstehen seinen. Im Falle eines reibungslos verlaufenden Unterrichts gebe es hierzu keine expliziten Aushandlungen. Diese träten auf, wenn Stockungen und Brüche vorkämen. Explizite Aushandlungen sprächen für eine unzureichende Passung der Vorstellungen. Die Folge könnten Veränderungen und/oder Weiterentwicklungen der individuellen kognitiven Vorstellungen sein:

individual interpretations that fit together constitute the social norms that constrain the individual interpretations that generate them [...] social norms can be thought of as taken-as-shared beliefs that constitute a basis for communication and make possible the relatively smooth flow of classroom life (S. 27);

individuelle Deutungen, die zueinander passen, konstituieren die soziale Norm, die die individuellen interpretationen, die sie hervorgebracht haben, beschränken [...] soziale Normen können verstanden werden als als-geteilt-geltende Überzeugungen, die eine Basis für die Kommunikation konstituieren und die den relativ flüssigen Ablauf des Unterrichtsgeschehens ermöglichen.

(2) Die explizite Aushandlung sozialer Normen muß also nach Cobb, Yackel und Wood nur in Fällen des Stockens oder Zusammenbruchs des Unterrichtsverlaufs stattfinden. In den anderen Fällen ermögliche eine als geteilt geltende kommunikative Basis den reibungslosen Verlauf. Angesichts der unterrichtlichen Innvoationsbestrebungen der drei Autoren ist der Gesichtspunkt der Veränderbarkeit einer solchen kommunikativen Basis entscheidend. Wie oben beschrieben basiert der Veränderungsansatz der Autoren u.a. auf der Präsentation problemhaltiger Aufgaben einschließlich einer entsprechend daran angepaßten Unterrichtsorganisation (Gruppenarbeit, Klassendiskussion). Unter soziologischer Perspektive lassen sich bei erfolgreicher Implementation veränderte Praktiken des Mathematiktreibens („mathematical practices"; S. 28) rekonstruieren. Diese Veränderungen korrelieren nach Cobb, Yackel und Wood unter psychologischer Perspektive mit einem veränderten mathematischen Wissen(saufbau) bei den Schülern („individual students' mathematical ways of knowing"; S. 28). Mit dieser komplementären Verschränkung wird es den Autoren möglich, ihren eigenen Innovationsversuch in einem soziologische und psychologische Aspekte gleichermaßen berücksichtigenden Ansatz zu erfassen:

The relationship between individual students' mathematical ways of knowing and the mathematical practices institutionalized by the classroom community is an instantiation of the relationship between the cognitive and sociological perspective [...] This relationship can be summarized by saying that individual mathematical activities that fit together constitute the instionalized mathematical practices that constrain the mathematical activities that generate them (S. 30f.).

Die Beziehung zwischen dem individuellen mathematischen Wissen(saufbau) der Schüler und den mathematischen Praxen, die durch die Klasse institutionalisiert werden, ist eine Instantiierung der Beziehung zwischen der kognitiven und der psychologischen Perspektive [...] Zu dieser Beziehung kann zusammenfassend gesagt werden, daß individuelle mathematische Handlungen, die zueinander passen, die institutionalisierten mathematischen Praxen konstituieren, die (wiederum) die mathematischen Handlungen, die sie hervorgebracht haben, beschränken.

2.3 Beck & Scholz: Beobachten im Schulalltag (1995)
(Krummheuer)

Die Autoren verstehen ihr Buch als ein „Studien- und Praxisbuch" – so lautet der Untertitel. Es richtet sich hiermit nicht ausschließlich an die Gemeinschaft derjenigen, die an qualitativer Unterrichtsforschung als *Forschung* interessiert sind, sondern vornehmlich an „Männer und Frauen, die Kinder erziehen, unterrichten oder über Erziehungs- und Unterrichtssituationen nachdenken. Sei es als Lehrer oder Lehrerin, Referendar oder Referendarin, Student oder Studentin, Forscher oder Forscherin in der Schule" (S. 9)[20]. Der anvisierte Leserkreis umfaßt somit Personen, die sich noch in der Ausbildung zum Lehrerinnenberuf befinden oder als bereits berufstätige Lehrerinnen an einer Fortbildung interessiert sind. Dieser Personenkreis ist in relativ direkter Weise an der Gestaltung von Unterrichtsprozessen beteiligt. Ihm wird in dieser Publikation u.a. das Bedürfnis unterstellt, durch die Lektüre dieses Buches Anregungen zur Veränderung der von ihnen mitgestalteten Unterrichtspraxis zu erhalten (s. I: 1).

Beck und Scholz stellen in ihrer Arbeit ein Doppelkonzept von „Beobachtung" und „Selbstbeobachtung" vor, das vor allem dem praxisorientierten Leser ermöglichen soll, auch den eigenen Unterricht entsprechend zu erforschen und zu reflektieren. Hierdurch soll den in der Praxis stehenden Lehrpersonen ein Zugang zu Erkenntnissen über ihren eigenen Unterricht ermöglicht werden, und zwar ähnlich denen, die die beiden Forscher in ihrem Projekt zu dem Unterricht einer anderen Person gewonnen haben. Die Selbstbeobachtung und die Beobachtung der Klasse könnten bzw. sollten praktizierende Lehrerinnen nach Ansicht der beiden Autoren immer zugleich durchführen, da beides in der Unterrichtspraxis miteinander verwoben sei:

Wir beschreiben Beobachtung und Selbstbeobachtung als ständiges Moment pädagogischen Handelns und Reflektierens, weil sie im Alltagshandeln von Lehrerinnen untrennbar ineinander verwoben sind. (S. 11)

---

20 Verweise in dieser Kurzform beziehen sich in diesem Abschnitt stets auf Beck & Scholz (1995).

Ziel des Beobachtens und Selbstbeobachtens sei, sich gleichsam in seinen konkreten Handlungen besser kennenzulernen. Beck und Scholz geben hierfür zwei Punkte an:

- Unter dem Handlungsdruck der Unterrichtspraxis würden viele Situationsdeutungen und die darauf aufbauenden Entscheidungen in routinierter Form durchgeführt: die Lehrerin handele auf der Basis von Deutungsmustern, die in der konkreten Situation relativ stabil abgerufen und zudem schematisch durchgeführt werden könnten. Dieses als Habitualisierung beschriebene Vorgehen bewirke, daß die Lehrerin sich ihrer eigenen Deutungsweisen wie auch des Umfangs der wirksam werdenden Muster nicht im vollen Maße bewußt sei. Ihre Deutungsbasis sei also breiter und größer als sie annehme bzw. zu aktualisieren glaube. Beobachten und Selbstbeobachten sollen nun ermöglichen, die eigenen Deutungs- und Handlungshintergründe besser kennenzulernen: „Damit man weiß, was man weiß" (S. 16).

- Das Unterrichtshandeln einer Lehrerin sei fortdauernd geprägt durch die Differenz zwischen den eigenen Zielvorgaben und dem, was im Unterricht konkret erreicht wird. Diese Abweichung des Ist-Zustandes vom Soll-Zustand müsse nicht prinzipiell als problematisch empfunden werden, sondern könne gleichsam nur noch als „diffuses Gefühl" (S. 15) vorhanden sein. Ein durch Beobachtung und Selbstbeobachtung initiierter Selbstlernprozeß soll es ihr nun aber ermöglichen, diese Differenzen genauer zu erkennen und darauf aufbauend ihre Unterrichtspraxis und sich selbst darin zu verändern.

Bezugnehmend auf unser erstes Kapitel wird in diesen beiden Punkten der Unterrichtsalltag als ein relativ eigenständiges Phänomen mit eigener Dynamik beschrieben, in dem die Lehrerin durch aus Habitualisierungen hervorgegangenen Routinehandlungen zwar durchaus kompetent handele, aber gleichsam der theoretischen Breite dieser Kompetenz nicht vollständig gewahr sei. Hierin sehen die beiden Autoren wohl zugleich einen Grund, warum die häufig zu konstatierende Differenz zwischen Ist- und Sollzustand eines Unterrichtsprozesses von den Lehrerinnen nicht erfolgversprechend in Richtung auf eine Minimierung dieser Differenz angegangen werden kann: Über eine Veränderung und Aufwertung der Beobachtungsmöglichkeiten solle Unterricht deshalb im kognitiven Stil der Praxis andere Realisierungsformen erhalten.

‚Zu wissen, was man weiß' meint also, sich der eigenen Theorien bewußt zu werden. Selbstbeobachtung meint, über die Beobachtung der Kinder zu den Grundlagen des eigenen Verhaltens zu gelangen. (S. 18)

Das zugehörige Forschungsprojekt basiert auf der Beobachtung einer Grundschulklasse vom Tag der Einschulung bis zur Verabschiedung am Ende der vierten Jahrgangsstufe. Der Kontakt der Forscher mit dieser Klasse fand regelmäßig einmal pro Woche statt. An diesen Tagen beobachteten die beiden

Autoren gleichzeitig den Unterricht. Sie erstellten Feldnotizen („handschriftliche Protokolle"), die sie am darauffolgenden Tag ausformulierten („Protokolle"). Der Fokus der Beobachtung lag auf den Handlungen der Schüler in ihren situativen Kontexten, die zum einen als der unmittelbare Handlungsraum um diese Schüler herum und zum anderen als die offizielle Unterrichtssituation beschrieben werden (S. 9):

Beck und Scholz wählten exemplarisch sechs Kinder aus, deren Aktivitäten sie in ihrem jeweiligen sozialen Kontext beschrieben. Am jeweiligen Beobachtungstag entschieden sie sich offenbar „spontan" (S. 10), welche dieser Kinder an diesem Tage beobachtet werden sollten. Während oder vor der Beobachtungsphase gab es unter den beiden Autoren eine Verständigung über ihre jeweilige Auswahl.

Das Beobachtungsverfahren bezeichnen Beck und Scholz als „teilnehmende Beobachtung" (z.B. S. 162ff., S. 200). Praktisch verlief es so, daß sich jeder Beobachter in die Nähe des ausgesuchten Kindes setzte und dessen Aktivitäten notierte. Hierbei entstand häufiger auch ein Gespräch zwischen dem Kind und seinem Beobachter. Dieser Austausch wurde nicht unterbunden, aber von dem Beobachter so zu gestalten versucht, daß er nicht als eine zusätzliche Lehrperson aufgefaßt wurde (S. 10). Es bleibt bei dieser Darstellung unklar, ob dies auch von den Schülern so verstanden wurde.

Die am nächsten Tag verfaßten Protokolle wurden unter den beiden Beobachtern jedes Mal ausgetauscht und auch den Lehrenden der Klasse gegeben. Am Ende des Beobachtungstages fand regelmäßig ein Gespräch zwischen den drei unterrichtenden Lehrpersonen und den beiden Forschern statt. Dort wurden Ereignisse des vergangenen Schultages und die Protokolle des vorhergehenden Beobachtungstages besprochen. Die Autoren weisen darauf hin, daß es in diesen Sitzungen sehr wohl zu unterschiedlichen Einschätzungen von Unterrichtssituationen und dem Verhalten einzelner Schüler gekommen sei. Sie betonen, daß es jedoch nie einen „Konflikt zwischen den Lehrenden in der Klasse und uns" (S. 10) gegeben habe.

In ihrem Buch stellen Beck und Scholz Teile ihrer Beobachtungen und darauf aufbauende wie ergänzende theoretische Erörterungen dar. Das Werk gliedert sich in die folgenden Kapitel:

1. Der Blick auf die Klasse und sich selbst
2. Der Blick auf einzelne Kinder
3. Der Blick auf Situationen, Konflikte und Störungen
4. Der Blick auf das pädagogische Konzept
5. Der Blick im Spiegel der Methode
6. Über Authentizität oder: Was heißt ‚verstehen'?

Im folgenden wird auf das von den Autoren eingeführte Konzept des „Unterrichtsalltags" genauer eingegangen. Es zieht sich gleichsam durch alle Kapitel und seine empirische Beschreibung kann als ein zentrales Anliegen des Buches verstanden werden.

2.3.1 Beobachtung und Analyse von Unterrichtsalltag

Bereits in der Einleitung verweisen die Autoren darauf, daß eines der Merkmale, das ihr Projekt auszeichne, die „Orientierung am Alltag" sei (S. 11). Sie verbinden damit den Anspruch, praktizierenden Lehrerinnen in besonderer Weise Hilfestellungen für deren Unterricht geben zu können. Als ein diesen Anspruch auszeichnendes Kriterium nennen sie die „aktuellen Hilfestellungen" (S. 11), die sie den beobachteten Lehrerinnen gegeben hätten, und als weiteres, daß es sich um Vorschläge für den „täglichen Unterricht" handele (S. 11). In dieser Art der Orientierung am Unterrichtsalltag sehen die beiden Forscher u.a. einen Unterschied ihres Forschungsansatzes zu anderen Arbeiten, in denen „forschungsmethodische Gesichtspunkte" (S. 11) dominierten. Dieses Verständnis vom Unterrichtsalltag wird von den Autoren über die einzelnen Kapitel hinweg weiter ausdifferenziert.

Im zweiten Kapitel (Der Blick auf einzelne Kinder) wird eine Konstituente des Unterrichtsalltags thematisiert, ohne daß die Autoren an *dieser* Stelle explizit darauf hinweisen. Die theoretische Einordnung wird von ihnen erst im nächsten Abschnitt vorgenommen. Zunächst thematisieren sie nur, daß Unterrichtssituationen prinzipiell „Ko-Konstruktionen von Kind und Lehrerin" (S. 33) seien und daß die Lehrerin übersehe, daß sie selbst einen Beitrag zu dieser Situation leiste, nämlich indem sie ihre eigene Sichtweise auch bei dem Schüler als existent und wirksam unterstelle. Dessen sich bewußt werdend können Lehrerinnen Beurteilungen und Anamnesen von Schülerleistungen nur sinnvoll vornehmen, wenn sie sich über ihre Beziehung zu dem jeweiligen Kind klar würden und die darin eventuell bestehenden Vorurteile überprüften und gegebenenfalls überwänden.

Dieser Ansatz wird im dritten Kapitel (Der Blick auf Situationen, Konflikte und Störungen) weiter ausgebaut. Hier wird die verkürzte Sichtweise auf Schüler ohne Berücksichtigung der Interaktionsbeziehungen zwischen Lehrerin und Schülern als ein „medizinisches Modell" charakterisiert:

Die Ursachen für ein Verhalten liegen danach immer beim Klienten – und nicht beim Arzt. (S. 53)

Im Unterrichtsalltag dagegen könne man das Verhalten eines Kindes nicht einseitig dessen Disposition zuschreiben. Die Autoren beschreiben ihren Ansatz als einen „ökologischen" (S. 53). Die Ökologie sei dabei die sich in den Unterrichtsinteraktionen konstituierende Umwelt, die Beck und Scholz auch den „Lebensraum" des Kindes (bzw. der Kinder) nennen:

‚Die Umwelt prägt das Kind und umgekehrt. Der Lebensraum, auf den wir uns beziehen, ist die Schule und im einzelnen die Schulklasse. (S. 53)

In unserer an Soeffner angelehnten Terminologie sprechen wir hier von dem Interaktionsraum, der – nach unserem Verständnis – von allen Beteiligten (Lehrerin und Schüler) konstruiert wird. Der Alltag in diesem Lebensraum ist durch spezifische Routinen und Stereotype im Deuten und Handeln aller am Unterricht Beteiligten definiert. Beck und Scholz dagegen führen diesen Ansatz nur bezogen auf die Lehrperson aus. Derartige Deutungsprozesse beruhen dann bei der Lehrerin auf „Alltagswissen" (z.b. S. 59), und die darauf basierenden Handlungen nennen die beiden Autoren das „Alltagshandeln" der Lehrerin (z.B. S. 69). Der Zusammenhang zwischen Alltagswissen und Alltagshandeln der Lehrerin wird als ein zirkulärer begriffen. Das Alltagswissen als handlungswirksame Deutungskapazität ist in dieser Zweckbestimmung notwendig auf Stereotypisierungen von Situationen ausgerichtet: Die Deutungen verlaufen musterhaft; sie erlauben verschiedene Situationen als ähnliche oder Wiederholungen zu verstehen. Entsprechend bilden sich Handlungsmuster aus. Einerseits ermöglichen sie in als ähnlich gedeuteten Situationen zügiges „routiniertes" Handeln, andererseits aber tragen sie auch dazu bei, daß diese Situationen sich zu ähnlichen weiterentwickeln. Dies wiederum ist Auslöser für die Stabilisierung der Deutungsmuster.

Die Vielfalt an Situationen wird zusammengezogen zu Routinen, zu Handlungsmustern, und diese wiederum sind durch Deutungsmuster in dem Sinne abgesichert, daß sich Wiederholungen ereignen können. [...] Ohne Handlungs- und Deutungsmuster ließe sich nicht unterrichten; aber ohne Nachdenken über diese Routinen erstarrt der Unterricht zur formelhaften Wiederholung (S. 69).

Absicht der beiden Autoren ist es, der praktizierenden Lehrerin Wege für ein solches Nachdenken über diese beiden Formen der Routinebildung zu eröffnen. Hierzu benötigt sie als Grundlage Beobachtung und Selbstbeobachtung alltäglicher Unterrichtsprozesse. Diese Beobachtungsprozesse liefern aber nicht sofort oder spontan die Aufdeckung von zur Gewöhnung gewordenen Handlungs- und Deutungsmustern. Mit Hinweis auf eine in ihrem Literaturverzeichnis nicht aufgeführte Publikation von Henningsen (1967) wird ausgeführt, daß das Handeln der Lehrerin im Unterricht nicht als Anwendung einer „pädagogischen Theorie" (S. 71) zu verstehen sei. Vielmehr sei in der Handlung die Theorie „integriert" (S. 71). Nach unserem Verständnis meinen die beiden Autoren, daß in den Handlungen der Lehrerin jederzeit ein theoretischer Wesenszug im Sinne eines Alltagswissens enthalten sei, wozu auch wissenschaftlich generierte Theorieelemente gehören können. Auf der Grundlage von Beobachtung und Selbstbeobachtung ließen sich sodann diese Theorieelemente *nachträglich* explizieren.

In der konkreten Unterrichtssituation selbst ermögliche sich der Lehrerin eine solche Reflexion in dem Maße, in dem ihr die Wirksamkeit der Deutungs- und Handlungsmuster während des Unterrichthaltens bereits bewußt verfügbar seien. Dies ändere jedoch nichts daran, daß auch in diesem Falle derartige Muster ihr Handeln leiten:

Lehrerhandeln im Alltag heißt [...], routinisiert und habitualisiert zu handeln. (S. 71)

Die beiden Autoren gehen darüber hinaus jedoch davon aus, daß „pädagogische Handlungen" (S. 72) sich nicht in der „bloße[n] Aktualisierung habitualisierter Handlungsmuster" (S. 72) erschöpfen würden. Derartige Handlungen enthielten auch einen

Entwurf der eigenen Person, der Person des Gegenübers und der Situation. (S. 72)

In diesem Ausgriff auf eine zukünftige gegebenenfalls andere unterrichtliche Praxis liegt gleichsam das Potential von Unterrichtsinnovation, dessen sich die Lehrerin durch Beobachtung und Selbstbeobachtung gewahr werden soll (s. S. 72).

Entscheidend in der Argumentation der beiden Autoren erscheint uns hier die Betonung der pädagogischen Handlung. Systematisch gehen die beiden Autoren darauf im 5. Kapitel im Rahmen ihrer Abhandlungen zum Fallbegriff noch einmal ein.

Dort unterscheiden sie in Anlehnung an Müller (1993) zwischen der Sichtweise auf einen Fall als „Fall von", „Fall für" und „Fall mit" (S. 160f.). Im „Fall von" spiegele sich die juristische Kasuistik wider, in der von der Analyse eines Einzelfalls ausgehend ein allgemeines Rechtsprinzip gewonnen wird, das dann auch auf andere, ähnliche Fälle angewendet werden kann. Der „Fall für" entstamme dagegen mehr der sozialpädagogischen Praxis, in der häufig entschieden werden müsse, welche sozialpädagogische Einrichtung sich eines speziellen Falles anzunehmen habe. In ihm würden Zuständigkeiten geregelt. Der „Fall von" wird von den beiden Autoren für das pädagogische Handeln als wenig zweckmäßig eingeschätzt. Der „Fall für" sei aus ihrer Sicht für die pädagogische Handlungspraxis insoweit relevant, als eine Lehrerin auch „sozialpädagogische Funktionen" (S. 161) wahrnehme, wenn sie z.B. ein Gespräch mit den Eltern initiiere oder den Erziehungsberater bzw. Schulpsychologen einzuschalten für nötig halte.

In dem „Fall mit" wird aus Sicht der beiden Autoren der tägliche Umgang der Lehrerin mit ihren Schülern im Unterricht angemessen erfaßt (S. 162). Eine derartige Charakterisierung verdeutliche das Wesen des pädagogischen Handelns, das immer nur als Angebot an die Schüler begriffen werden könne und das immer auf ihre „Mitarbeit" angewiesen sei. Diese Abhängigkeit von den Handlungen der Schüler sei jedoch nicht als eine Schwäche des Lehrerinnenhandelns zu verstehen, sondern sei „‚gewollt und Ausdruck fachlichen Könnens'" (S. 162; dort zitiert aus Müller 1993, 48f.).[21]

Im „Fall mit" sehen Beck und Scholz den für schulische Fälle hauptsächlich relevanten Fallbegriff. In ihm realisiere sich pädagogisches Handeln, insofern es

1. prinzipiell mit der „‚Bewältigung von Ungewißheit'" zu tun habe und
2. den Charakter eines mindestens „bisubjektiven Handelns" habe (S. 161).

---

21 Auf diese Vorstellungen zum pädagogischen Handeln kommen die beiden Autoren noch einmal im Zusammenhang mit ihren Ausführungen zum Begriff der „Kultur einer Klasse" zu sprechen. Dieser wird im folgenden Unterabschnitt als ein Ergebnis ihrer Theoriekonstruktion beschrieben.

Mit der Formulierung „Bewältigung von Ungewißheit" wird die prinzipielle Notwendigkeit von wechselseitigem Vertrauen in pädagogischen Handlungssituationen angesprochen, was jedoch nicht im voraus festgestellt werden könne, sondern in der Situation gemeinsam „entdeckt" bzw. geschaffen (S. 161) werden müsse. Die Charakterisierung einer pädagogischen Situation als eine, in der „bisubjektives Handeln" stattfinde, soll darauf verweisen, daß in ihr mindestens zwei Subjekte aufeinander bezogen handeln: der „Pädagoge und Adressat" (S. 161).

2.3.2 Art und Genese der theoretischen Produkte

In dem Werk von Beck und Scholz ist es für den Leser auf den ersten Blick nicht leicht, den eigentlichen Erkenntnisgewinn der zugrundeliegenden Studie wahrzunehmen: sowohl die theoretischen Grundlagen als auch der Zugewinn an theoretischer Einsicht sind in der gleichen Weise dargestellt. Basisbegriffe wie auch neue Begrifflichkeiten werden an Protokollen der Studie eingeführt und verdeutlicht.

Wir sehen vor allem die Ausführungen zum Begriff „Kultur der Klasse" als den theoretischen Zugewinn dieses Buches an. Ganz im Sinne eines praxeologischen Methodenverständnisses (s. I:1) nimmt bei Behandlung dieses Konzepts in der Arbeit die Reflexion des methodischen Vorgehens zu: So finden wir die zur Darstellung kommende Theorie*bildung* in das Methodenkapitel eingebunden (Der Blick im Spiegel der Methode). Im folgenden wollen wir die dortigen Ausführungen zum Begriff „Kultur der Klasse" als einen empirisch gegründeten Theoriezugewinn beschreiben.

Beck und Scholz entwickeln den Begriff der „Kultur einer Klasse" aus ihren vorhergehenden Analysen zum Schulalltag einer Grundschulklasse während ihrer vierjährigen Grundschulzeit. Die vorgenommene Rekonstruktion des alltäglichen Lebensraums einer Schulklasse beschreibe deren Lebensformen, die ihrerseits Ausdruck der Kultur einer bestimmten Klasse sei (S. 192), so daß man eine „Schulklasse wie eine Kultur" betrachten könne.

Hierbei berufen sich die beiden Autoren unzitiert auf den Kulturbegriff der „ethnologischen Forschung" (S. 193). Dieser umfasse die „Verhaltensmodalitäten und Orientierungsmuster" einer Gemeinschaft, durch die u.a. die Standards gesetzt werden:

was erlaubt ist, was legitimerweise gedacht werden kann, wie jemand etwas bewertet, wie er sich fühlt und wie er mit den Gefühlen und Handlungen anderer umzugehen hat (S. 193).

Nach Meinung der beiden Autoren erlaube diese Begriffsbestimmung von Kultur, ihn einerseits auf relativ kleine Gemeinschaften wie die einer Schulklasse zu beziehen; andererseits impliziere er auch eine prozeßhafte Vorstellung von Kultur, indem die Verhaltensmodalitäten und Orientierungsmuster nicht als statisch gegeben, sondern als sozial konstruiert und sich stetig ändernd begriffen werden.

Insbesondere diese prozeßhafte Vorstellung wird von Beck und Scholz bei ihrer Theoriekonstruktion der „Kultur einer Schulklasse" weiter ausgebaut. Denn Schule und Unterricht haben – so ihre Argumentation – einen Anfang und ein Ende: Mit dem Tag der Einschulung eröffne sich für alle Beteiligten die Notwendigkeit und die Möglichkeit, eine Kultur der Klasse zu kreieren und hierbei eventuell eine ganz neuartige Klassenkultur zu schaffen. Zugleich sei die Schulzeit begrenzt und weise auf eine nachfolgende Zeit hin. Dieses „Entwicklungsparadigma" (S. 195) finden die beiden Autoren charakteristisch für pädagogische Handlungssituationen. Aus ihrer Sicht sei die Ausrichtung auf das Ende (der Grundschulzeit) stets Bestandteil in den Deutungen aller Beteiligten:

Die Deutungen aller Handlungen stehen also unter der grundsätzlichen Deutung der Situation als Teil eines zu Ende kommenden Prozesses. Das zeichnet ihn als pädagogischen aus, denn pädagogisches Handeln ist vom Anfang her auf sein Ende gerichtet. (S. 195)

Darüber hinaus führt das Autorenpaar noch aus, daß der Kulturbegriff in der von ihnen vorgenommenen Anwendung auf den Alltag einer Schulklasse kein „Harmonisierungsbegriff" (S. 196) sei, wie er ihrer Meinung nach in der Ethnologie weitgehend verstanden werde. Mit dem Begriff der Kultur einer Klasse werde nicht nur das Deutungsreservoir dieser Klasse charakterisiert. Es sei zudem auch darin impliziert, wer diese Deutungen ausführe bzw. die Macht – und wie wir noch hinzufügen würden: die fachspezifische Kompetenz (s. den Begriff der „Rahmungsdifferenz" in Krummheuer 1992) – dazu habe. Es sei prinzipiell zu bedenken, daß sich mit bestimmten Deutungsweisen auch Machtansprüche verbänden, die sich bei Durchsetzung einer bestimmten Deutung realisierten. Die Kultur einer Klasse sei geprägt durch die Differenz zwischen den

Deutungen der Lehrerin und der Kinder im Hinblick auf die zur Verfügung stehende Deutungsmacht. (S. 195)

Beck und Scholz konfigurieren die Kultur einer Klasse als den durch die Lehrerin und die Schüler personalisierten und konflikthaften Aushandlungsprozeß zwischen Deutungsmustern, die sich im Falle der Lehrerin aus der „Kultur der Erwachsenen" und im Falle der Schüler aus eine alternativ dazu bestehenden „Kinderkultur" rekrutieren (S. 196). Die Klassenkultur stellt dann gleichsam das Forum dar, in dem Lehrerin und Schüler mit ihren unterschiedlichen Deutungshintergründen und Deutungsmöglichkeiten in dieser Unterschiedlichkeit miteinanderleben. Der Unterrichtsalltag, so wie ihn die Autoren in ihren vorhergehenden Analysen rekonstruiert haben, stellt dann in seinen Routinisierungen der sozialen Interaktionen und der individuellen Deutungsweisen die konkret realisierte Lösung für den Umgang mit diesen konfligierenden Deutungspotentialen dar:

Kultur ist so gesehen eine Lebensform, die einen Ausgleich zwischen den je eigenen Perspektiven [der Beteiligten] anbietet. Nicht die Harmonie ist dann der Gegenstand der Aufmerksamkeit, sondern jene Habitualisierungen, die Differenzen überbrückbar machen (S. 196).

Im Zuge dieser kulturtheoretischen Ausführungen greifen Beck und Scholz das bereits oben dargestellte Konzept der teilnehmenden Beobachtung im Sinne einer Kombination aus Beobachtung und Selbstbeobachtung wieder auf und führen ihre methodologischen Grundlegungen weiter aus.

Die Methode der beiden Autoren fußt auf dem oben dargestellten Fallbegriff, den sie bei ihren folgenden methodologischen Darlegungen in der Beziehung zwischen dem Leser und ihnen selbst lokalisieren. Jene fall*theoretischen* Reflexionen im Rahmen des pädagogischen Handelns verbinden sie hier jedoch nicht mit ihren forschungs*methodischen* Überlegungen. Vielmehr behandeln sie den Spezial-"Fall", daß sich bei Selbstbeobachtung einer Lehrerin der Fall gleichsam in ihr konstituiere: Autorin und Leserin treten hierbei in einer Person auf.

Im Zuge ihrer forschungsmethodologischen Überlegungen unterscheiden Beck und Scholz zwischen „Fallbeobachtung", „Falldarstellung" und „Fallanalyse". Diese Differenzierungen halten sie allerdings selbst für problematisch (S. 165). Aus ihrer Sicht sind diese drei Komponenten „von vornherein" (S. 164) miteinander verbunden, da ein Fall immer erst durch seine Art der Beobachtung und Beschreibung zu einem Fall werde und diese Beschreibung prinzipiell

1. eine auswählende Fokussierung beinhalte und
2. durch eine nachträgliche Re-Konstruktion von sozialer Wirklichkeit erfolge.

Der Fall selbst entstehe sodann in der Beziehung zwischen dem schreibenden Autorenpaar und ihren je einzelnen Lesern. Die Leser könnten mit der dargestellten Geschichte etwas „anfangen", wenn sie diese mit ihrem Wissen, ihren Gedanken und Assoziationen in irgendeiner sinnvollen Weise in Verbindung bringen könnten.

Nach Beck und Scholz könne ein Selbstlerneffekt eintreten, wenn die Lehrerinnen dieses fallmethodische Vorgehen und Verständnis auf ihre eigene Praxis anwendeten: sie verfaßten dann Fallgeschichten zu ihrem eigenen Unterricht. In dieser Konstellation sei die jeweilige Lehrerin Autorin *und* Leserin der selbst geschriebenen Geschichte (s.o. u. S. 165). Die Lehrerin könne sich so erneut und wiederholte Male in die Geschichte hineindenken und in dieser Art von Selbstbeobachtung Eigenarten ihres eigenen Unterricht(en)s erkennen lernen.

Es bleibt an dieser Stelle unklar, inwieweit die Lehrerinnen nach Auffassung von Beck und Scholz hierzu tatsächlich schriftliche Texte verfassen müssen bzw. sollten. Wir greifen für einen Antwortversuch auf ihr erstes Kapitel zurück. Die Verbindungen erscheinen uns evident, wiewohl die beiden

Autoren selbst sie nicht explizit herausstellen. In ihrem ersten Kapitel empfehlen sie beispielsweise, daß man als Lehrerin versuchen solle, sich im eigenen Unterricht Gelegenheiten zu verschaffen, Kinder zu beobachten, ohne selbst dabei handelnd involviert zu sein (s. S. 14). Man kann sich also vorstellen, daß die Lehrerin in diesen gleichsam „entspannten" Situationen auch ohne schriftliche Notation „Autorin" und „Leserin" zugleich ist. Entscheidend ist das Aufkommen von Distanz zum Unterrichtsgeschehen, die als Voraussetzung für einen solchen Rollenwechsel anzusehen ist.

Die Interpretationsmethode der beiden Autoren wird von ihnen als eine auf den „Regeln der semantischen Analyse" beruhende Vorgehensweise beschrieben (S. 172). Leider geben sie keine Hinweise, was sie hierunter im besonderen verstehen, sondern beschränken sich darauf, ihr eigenes Vorgehen an einem Beispiel zu verdeutlichen (S. 172-178). Nach Darlegung dieses Falles fassen sie die Prinzipien ihres Vorgehens wie folgt zusammen:

- Die Interaktion enthält eine Handlungsaufforderung [...].
- Sie enthält eine Beziehungsaussage.
- Sie enthält eine Botschaft darüber, wie das, was gesagt oder getan wird, zu verstehen ist.
- Da sich diese Interaktionen in einer Schule abspielen, also in einem Bereich, in dem es u.a. um die Entwicklung von Normen geht, enthält die Interaktion eine Botschaft darüber, was als Norm zu betrachten ist. (S. 174)

Nach unserem Verständnis wird hier im Rahmen einer allgemeineren Kommunikationstheorie, die beispielsweise zwischen Inhalts- und Beziehungsaspekt unterscheidet (s. z.B. Watzlawick 1969), versucht, diese beiden Aspekte als Botschaften bzw. Beziehungsaussagen zu rekonstruieren.

Als letztes wesentliches Moment des Analysierens nennen die Autoren den Vergleich von interpretierten Szenen (s. II: 2.2.2.). Auf der Grundlage einer vierjährigen Beobachtungszeit ergeben sich naheliegenderweise sehr viele Vergleichsmöglichkeiten, insbesondere auch longitudinale (s.a. S. 11). Für Beck und Scholz stellt die Entwicklungsdimension auf der personalen Ebene einzelner Schüler wie auch auf der sozialen Ebene mit Blick auf die Genese einer Kultur der Klasse die Stärke ihres Vorgehens insgesamt dar:

Der Vorteil dieser Methode gegenüber anderen Verfahren besteht darin, daß wir Veränderungen beschreiben können und nicht nur Zustände. (S. 171)

Teil II:
Forschungspraxis und Einzelergebnisse der Autoren

1. Theoretische Orientierung und die Problematik der Darstellung
(Natalie Naujok)

Bevor wir in II:2. unsere eigene Forschungspraxis allgemein und in II:3. an konkreten Beispielen darstellen, bedarf es einiger orientierender Erläuterungen. Zunächst wird in einem Abschnitt zur Konzeption ausgeführt, in welchem Verhältnis der Teil II zu dem gesamten Text steht und weshalb auch der theoretische Hintergrund hier behandelt wird. Der daran anschließende Abschnitt betrifft die Problematik der Darstellung von interpretativer, praxeologisch verfahrender Forschung. Anschließend gehen wir auf den gemeinsamen theoretischen Hintergrund unserer Arbeiten ein, auf dem die Ausführungen zu den verschiedenen Teilergebnissen dann mehr oder weniger explizit basieren.

1.1 Zur Konzeption von Teil II

Die Darstellung unserer eigenen Arbeiten, könnte man meinen, müßte nun eigentlich auch den oben entworfenen Beschreibungscharakteristika folgen, um vergleichend beurteilt werden zu können. Andererseits soll dieser Band auch Forschungspraxis nachvollziehbar und (be-)greifbar machen. Wenn es nicht in erster Linie um einen Vergleich verschiedener Arbeiten, sondern wie hier um eine Darstellung von Forschungspraxis geht, ist es u.E. sinnvoller, diese Darstellung jeweils an dem konkreten Forschungsprozeß zu orientieren. Der Leserin/dem Leser sind die Beschreibungskriterien und methodologischen Leitlinien, die wir für wichtig halten, in I:1. dargelegt worden und sie/er kann diese in der Folge auch auf unsere Arbeiten anwenden bzw. unsere Arbeiten daran messen.

Daß wir unseren theoretischen Hintergrund an dieser Stelle behandeln (s. aber auch I:1), hat drei Gründe: Erstens geht es in diesem Band nicht in erster Linie um die inhaltliche Darstellung unserer Arbeit und der entsprechenden theoretischen Inhalte, sondern um Unterrichtsforschung unter dem interpretativen Paradigma. Zweitens sollen des engen Zusammenhangs von Theorie und Methode wegen die theoretischen Grundlagen vor den Ausführungen zum methodischen Vorgehen erläutert werden, und drittens betreffen sie unsere beiden Arbeiten und sollen diesen insofern vorausgeschickt werden.

In dem hierauf folgenden Kapitel II:2. stellen wir die formalen Kriterien unserer Erhebungs- und Auswertungspraxis dar. Im dritten und letzten Unterkapitel von Teil II präsentieren wir dann exemplarisch Ergebnisse unserer Arbeiten.

1.2 Zur Problematik der Darstellung

Auf die Darstellungsproblematik gehen wir schon im Vorwort und implizit auch in I:1. ein, wo das Bemühen um einen breiten Adressatenkreis diskutiert wird. Dort schreiben wir:

Derartige im Prinzip positive Bemühungen bergen häufig die Tendenz, daß forschungsmethodische und theoretische Erwägungen vereinfacht bzw. verkürzt oder zumindest so dargestellt werden.

Das heißt, die Darstellung ist keine getreue Abbildung des Forschungsprozesses und aller tragenden Erwägungen, sondern ein Produkt, dessen Erstellung noch einmal anderen Überlegungen verpflichtet ist. Während die Erhebung und Analyse der Daten abhängig ist vom Forschungsinteresse, ist es die Darstellung (auch) vom Adressatenkreis.

Aus unserer interpretativen Arbeitsweise und dem praxeologischen Methodenverständnis ergeben sich zwei besondere Probleme, nämlich erstens die Frage nach dem Umgang mit den sehr ausführlichen Analysen und zweitens die Frage nach der Darstellung (des Prozesses) der Methodenentwicklung.

Wir können hier keine allgemeine Leitlinie für eine Verfahrensweise bei der Darstellung entfalten. Wichtig ist u.E. jedoch, daß die Darstellung die Forschungsarbeit mit ihren Ergebnissen nachvollziehbar macht. Dem ist es mitunter abträglich, die Analyse eines Transkriptes in allen Einzelschritten (s. II:2.2.2) vorzuführen, weil in der Vielfalt der Interpretationsalternativen der Überblick verloren gehen kann. Daher beschränken wir uns in der Darstellung oft auf den u.E. am besten zu plausibilisierenden Interpretationsstrang. (In II:3.1 wird jedoch exemplarisch ein Ausschnitt in ganzer Breite analysiert.[22]) Um Transparenz zu gewährleisten, sollten den Analysen möglichst nicht nur vereinzelte Transkriptzeilen, sondern größere Auschnitte des Datenmaterials beigefügt werden. Die Leserinnen und Leser können dann nach Bedarf selbst „in das Material einsteigen" und auf dieser Basis die Arbeit der Forschenden beurteilen.

---

22 In dem gemeinsam verfaßten Aufsatz (Vollmer & Krummheuer 1997) sind wir in der Analyse eines Transkriptes ebenfalls sehr ausführlich vorgegangen.

1.3 Zum theoretischen Hintergrund

Unsere Sichtweise auf Lernen ist konstruktivistisch[23], d.h., wir sehen die Lernenden als aktive Konstrukteure ihres Wissens an. Wissen ist in diesem Zusammenhang ein sehr problematischer Begriff, weil mit seiner Verwendung häufig die Vorstellung verbunden wird, es handele sich dabei um Repräsentationen von a priori Gegebenem. Zwar gehen wir von einer außerhalb unserer Vorstellungskraft liegenden Wirklichkeit aus, doch auch davon, daß uns diese niemals direkt erfahrbar werden kann. Wissen ist also nicht (und kann es nicht sein) Abbildung einer sogenannten objektiven Wirklichkeit.

Innerhalb des Konstruktivismus kann man zwei Hauptströmungen ausmachen: Die eine orientiert sich mehr am Individuum und konzentriert sich auf Kognitionsprozesse,[24] die andere steht in engem Zusammenhang zur Interaktionstheorie bzw. dem symbolischen Interaktionismus und konzentriert sich auf das, was in Interaktionen gemeinsam als (geteilt geltendes) Wissen hervorgebracht bzw. wie in Interaktion Realität hergestellt wird.[25] In dieser zweiten Strömung, der wir verpflichtet sind, gilt Lernen als *sozial* konstituiert. Lernen wird als Erreichen eines Autonomie- und Verantwortlichkeitszuwachses gesehen: Schülerinnen und Schüler lernen, die in Interaktionssituationen zunächst gemeinsam hervorgebrachten Handlungen zunehmend selbst zu gestalten (s. Bruner 1983 u. Markowitz 1986). Der Blick wird hier von individual-psychologischen Lerntheorien hinübergelenkt zu soziologischen bzw. stärker kulturell ausgerichteten Lehr-Lern-Theorien.[26] Diesen soziologisch bzw. am Kulturbegriff orientierten Lehr-Lern-Theorien zufolge nimmt das Individuum seine Interpretation der Wirklichkeit vornehmlich in bzw. durch Erfahrungen in Interaktionssituationen vor, in denen es erstens bereits vorgefertigte Deutungen vorfindet und sich zweitens an der situativen Bedeutungsaushandlung beteiligen kann.

Das Konzept „Kultur" ist in der neueren erziehungswissenschaftlichen Diskussion von Bruner (z.B. 1986, 1990) wieder mehr in den Vordergrund gerückt und z.B. auch von Krummheuer (1997) aufgegriffen worden. Neben der Sprache seiner Kultur lernt das Kind kulturspezifisch hervorgebrachte Deutungsweisen. Der Mensch kann nur aufgrund dieser kulturellen Interpretationssysteme Verständnis von etwas erlangen (Bruner 1990, 33-35). Er findet diese Interpretationssysteme einerseits vor, andererseits gestaltet er sie in interaktiven Aushandlungsprozessen selbst mit. In Interaktionssituationen werden Bedeutungen gemeinsam ausgehandelt und stabilisiert; die Interakti-

---

23 Zum Konstruktivismus s. z.B. von Glasersfelds Piaget-Auslegung in von Glasersfeld (1995) und Bruner (1986).
24 In dieser Strömung wird von kognitivem und radikalem Konstruktivismus gesprochen; s. von Glasersfeld (1995).
25 Vgl. Edwards' Arbeit an der Entwicklung einer diskursiven Psychologie in Edwards (1997).
26 Hierzu s. Bruner (1996) und Cobb (1995).

onspartner nähern ihre Bedeutungszuschreibungen einander an.[27] Von daher ist Wissen eben auch keine rein individuelle Angelegenheit, sondern hat sozialen Charakter.

Solche Aushandlungsprozesse finden u.a. auch im Interaktionskontext einer jeden Schulklasse statt. In diesem Sinne ist der Kulturbegriff auch auf Schulklassen anwendbar, d.h. für verschiedene Klassen und möglicherweise auch für verschiedene Unterrichtsfächer lassen sich spezifische Kulturen rekonstruieren. Wenn Schülerinnen und Schüler also kulturspezifische Deutungs- (und Handlungs)weisen lernen, so beinhaltet das im Rahmen von Unterricht auch so etwas wie schulklassen- und schulfachspezifische Deutungsweisen (s.a. Beck & Scholz 1995 u. I:2.3).

Da wir Tätigkeiten des Konstruierens kognitiver Konzepte im Rahmen von Interaktion verorten, wird die Aufmerksamkeit im Forschungsprozeß auch dieser Interaktion und nicht dem einsam lernenden Individuum geschenkt.

---

27 Zur Orientierungs- und Konvergenzfunktion sozialer Interaktion s. Krummheuer (1992).

2. Die Forschungspraxis in Untersuchungen zur sozialen Konstitution schulischen Lernens (Natalie Naujok)

In diesem Abschnitt behandeln wir unser Vorgehen bei der Erhebung und Interpretation von Unterrichtsaufzeichnungen. Wir beschränken uns dabei auf die Beschreibung dessen, was für die anschließend unter II:3. vorgestellten Ergebnisse wesentlich war.

2.1 Details der Datenerhebung

Die folgende Darstellung der Erhebungsdetails soll dazu dienen, konkrete Arbeitserfahrungen weiterzugeben, und ist gewissermaßen mit einem Blick hinter die Kulissen zu vergleichen. Wie sind wir vorgegangen? Was hat sich bewährt?

2.1.1 Zugang zu Schulen

Der Zugang zu Schulen gestaltet sich oft schwierig. Die wenigsten Lehrerinnen und Lehrer lassen sich gerne beim Unterrichten beobachten, die meisten Klassentüren sind verschlossen (s.a. Bauersfeld 1986, unveröff.). Besonders schwierig ist es, wenn man nicht nur mit Papier und Stift hospitieren, sondern den Unterricht auch noch technisch aufwendig festhalten möchte. Die Öffnung eines Klassenzimmers für solche Untersuchungen setzt Vertrauen voraus. Am günstigsten, so hat sich im Rahmen unserer Arbeit herausgestellt, ist es, wenn man den direkten Kontakt zu Lehrerinnen oder Lehrern sucht, mit ihnen spricht, sie für die Idee gewinnt. Eine Möglichkeit ist, nach vorheriger Absprache mit der Rektorin/dem Rektor in eine Schule zu gehen und bei den Lehrerinnen und Lehrern vorzusprechen. Eine andere Möglichkeit besteht darin, auf vorhandene Arbeitskontakte zurückzugreifen.

Unbedingt zu beachten ist, daß die Anmeldung eines Forschungsvorhabens über die Schulleitung laufen muß. In jedem Falle müssen datenschutzrechtliche Vorgaben erfüllt werden. In diesem Zusammenhang müssen alle Elternteile sich mit dem Vorhaben einverstanden erklären und sämtliche Daten müssen anonymisiert werden (s. II:2.1.4).

2.1.2 Datenerhebung in den Klassen

Die Datenerhebung erfolgte in Unterrichtssituationen, die für die entsprechende Lerngruppe möglichst alltäglich waren – „alltäglich" im Gegensatz zu Labor-Settings. Wir waren bemüht, nicht weiter auf das Geschehen einzuwirken, und haben auch die Lehrerinnen gebeten, sich von unserer Anwesenheit möglichst wenig beeinflussen zu lassen; so wurden beispielsweise weder spezielle Arbeitsweisen noch besondere Materialien verwendet. Daß der „Alltäglichkeit" jedoch Grenzen gesetzt sind, wird spätestens bei der Beschreibung des technischen Aufwandes deutlich (s.u.).

Die Beobachtung verlief zurückhaltend. Das Aufnahmeteam hat nicht aktiv am Geschehen teilgenommen, sondern hat bei Anfragen und Ansprachen von Schülerinnen und Schülern auf andere zurückverwiesen.

Bei der Datenerhebung in der Klasse müssen zunächst die Gegebenheiten in Augenschein genommen werden:

- Wie sind die räumlichen Verhältnisse: Wie ist der Klassenraum eingerichtet? Wo sind Steckdosen? Funktionieren sie? Wie eng ist es? Wo können die Kameras stehen? ...
- Wie sind die akustischen Verhältnisse: Handelt es sich um einen geräuschintensiven Holzfußboden oder um Linoleum oder PVC? Liegt die Schule in einer Einflugschneise? ...
- Wie sind die optischen Verhältnisse: Scheint die Sonne in die Klasse? Steht ein Gerüst vor den Fenstern (was gleichzeitig im Zusammenhang mit akustischen Problemen stehen könnte)? ...
- Und nicht zuletzt: Wie wird in der Klasse üblicherweise gearbeitet: Gibt es eine feste Sitzordnung? Laufen die Schülerinnen und Schüler viel herum? Wo wird interagiert? ...

Neben den Gegebenheiten in der Klasse muß man sich genau überlegen, was für Ausschnitte man festhalten möchte. Nicht jedes Gerät ist für jede Art von Ausschnitt geeignet. Sicher hat man nicht immer die freie Auswahl, da Ausrüstung und Material meist teuer sind. Unter diesen Umständen muß man sich überlegen, was für Ausschnitte man mit den zur Verfügung stehenden Geräten überhaupt festhalten kann. Forschungsinteressen und -möglichkeiten sind in ihrer wechselseitigen Bedingheit festzulegen.

Die Datenerhebung muß also vorbereitet sein

- durch Unterrichtsbesuche, in denen man die Klasse beobachtet und aufnahmerelevante Notizen macht, und
- durch Gerät- und Materialsichtung, bei der man beispielsweise die Qualität und den Aufnahmebereich von Mikrophonen ausprobiert.

Wir sind jeweils mit zwei bis drei Kameras und drei bis vier Personen in die Klassen gegangen. Dadurch konnten wir verschiedene Tischgruppen aufzeichnen und mußten keine Kameraschwenks machen. Eine der Kameras hat Aktionen an der Tafel aufgezeichnet, die anderen konnten auf die Schülerinnen und Schüler gerichtet bleiben. Für die Tonaufzeichnungen haben wir externe Mikrophone verwendet, da deren Aufnahmequalität für unser Interesse an Tischgruppenarbeit günstiger war. Ein Mikrophon war jeweils auf eine Tischgruppe ausgerichtet und an die entsprechende Kamera angeschlossen. Durch diesen technischen Aufwand hatten wir allerdings leichte Platzprobleme – besonders da die Schülerinnen und Schüler in diesen Klassen auch während des Unterrichts von ihrem Platz weggehen durften und wir unter keinen Umständen die Sitzordnung und Arbeitsgewohnheiten aufgrund unserer Anwesenheit geändert haben wollten.

Sehr zu empfehlen ist die ständige Überprüfung der Aufnahmequalität, da man sonst beispielsweise nicht bemerkt, wenn ein Gerät während der Arbeit ausfällt.

Um die anschließende Datenverwaltung zu vereinfachen, haben wir zu Beginn jeder Unterrichtsstunde neue Videocassetten eingelegt. Klebeetiketten waren vorbereitet (s. II:2.1.3). Außerdem wurden in das Bild jeweils Datum und Uhrzeit eingeblendet, was für die späteren Analysen wichtige Anhaltspunkte gibt.

Neben den Videoaufzeichnungen haben wir auch Feldnotizen gemacht. Die Feldnotizen enthalten Anmerkungen über den Verlauf des Schultages, Besonderheiten wie die Krankheit einer Lehrerin oder die Ankündigung eines Ausfluges, auch die Protokollierung der jeweils bearbeiteten Aufgaben, atmosphärische Beschreibungen und Hinweise auf Szenen, die in der Situation aus irgendeinem Grunde als besonders interessant erschienen. Diese Notizen enthalten ebenfalls Datum und Uhrzeit und außerdem einen Vermerk darüber, auf welcher Kamera das kommentierte Ereignis festgehalten ist.

Der letzte Teil der Datenerhebung bestand in der Sammlung und Kopie der Arbeitsmaterialien, mit denen die Schülerinnen und Schüler beschäftigt waren.

2.1.3 Datenverwaltung

Empfehlenswert ist eine streng systematische Bezeichnung der Bänder, die auch computertauglich ist bezüglich automatischer Sortierungsprozesse. Von daher muß mit groben Angaben begonnen und immer weiter differenziert

werden. Als Kombination aus unserem eigenen Vorgehen und einem Verbesserungsvorschlag daran könnte Material folgendermaßen sinnvoll beschriftet werden:
1U 1997.05.03. I/2.
Zuvorderst steht die Untersuchungsphase, dann das Jahr, der Monat, der Tag. Dabei sollten auch Nullen auf der Zehnerstelle nicht vergessen werden. Danach ist das Aufnahmegerät mit einer römischen Ziffer (bzw. einem Großbuchstaben) verzeichnet – das ist natürlich nur dann notwendig, wenn man mit mehreren Geräten arbeitet –, und an letzter Position vermerken wir die Unterrichtsstunde. Hier muß man sich überlegen, wie man die Stunden durchnummeriert, z.b. tagesweise oder ob jede Stunde, die gegen neun Uhr beginnt, als eine zweite Stunde bezeichnet werden soll, auch wenn an dem entsprechenden Tag keine andere vorausgegangen ist.

Sinnvoll ist es, eine Übersicht über das gesamte Material anzufertigen. Das kann in verschiedenen Tabellenformen geschehen und kommt auf die jeweiligen Umstände und das spezifische Interesse an. Wir haben in eine solche Übersicht auch Spalten für den Bearbeitungsstand des Datenmaterials integriert.

Zur Bearbeitung gehört in unserem Fall zuallererst das doppelte Kopieren aller Originalbänder, die dann selbst nur noch im Notfall benutzt werden und gegebenenfalls ein weiteres Mal kopiert werden können. Die Originale haben SVHS-Qualität, die Kopien einmal SVHS- und einmal VHS-Qualität. Gearbeitet wird dann an den Kopien. Die letzte Datenverwaltungsaufgabe besteht darin, zu jedem Video ein Inhaltsverzeichnis anzufertigen.

2.1.4 Transkriptionsverfahren

Wir werden im folgenden beschreiben, wie *wir* beim Transkribieren vorgegangen sind – wohl wissend, daß es mit multimediafähigen Computern und CD-Rom-Versionen inzwischen bessere technische Möglichkeiten gibt.

Die Auswahl von Interaktionseinheiten, die transkribiert werden sollen, erfolgt in der Regel anhand der Feldnotizen und der nach erster Durchsicht der Bänder erstellten Inhaltsangaben; mitunter sehen wir dazu die Bänder auch noch einmal an. In vielen Fällen lohnt es bei weitem nicht, das gesamte Material zu transkribieren, zumal für eine Zeiteinheit interaktiven Geschehens bei dem von uns benötigtem Detaillierungsgrad das Sechzig- bis Hundertfache an Transkriptionszeit zu veranschlagen ist.

Inhaltlich ist die Auswahl zunächst von den Interessen der Studie geleitet. Wir wählen aber auch Interaktionseinheiten, die uns krisenhaft oder zumindest spontan nicht erklärlich zu sein scheinen. (Solche Szenen enthalten überraschende Aspekte im Sinne abduktiver Forschungslogik; s. Peirce 1978, Kelle 1994 u. Brandt & Krummheuer 1998.) Während des Analyseprozesses können dann auch erste Ergebnisse aus dem Forschungsprozeß die weitere

Auswahl beeinflussen. – Die Auswahl der Interpretationseinheiten zur Transkription ist selbst bereits ein interpretativer Akt.

Als Ausstattung für die Erstellung der Transkripte benutzen wir inzwischen videokompatible Computer, so daß wir auf dem Bildschirm den Ablauf der Szene und das entstehende Transkript sehen, während der Ton wahlweise über Kopfhörer oder Lautsprecher kommt – Kopfhörer haben sich als wesentlich besser erwiesen.

Zunächst werden Grobtranskripte angefertigt: Personen werden identifiziert, Äußerungen festgehalten und den Beteiligten zugeordnet, Anmerkungen zur Situation gemacht und der Beginn jeder auf dem Band angezeigten neuen Minute festgehalten. Schon bei diesem Grobtranskript sollte man unbedingt an die Anonymisierung denken! Es ist weit verbreitet, „m1", „w1", „m2" oder „VP1", „VP2" usw. zu notieren – nur verfälscht das erstens die Transkripte, wenn in der Interaktion Namen fallen, und zweitens ist es schwierig, mit solchen Bezeichnungen Menschen in Verbindung zu bringen und über sie zu sprechen. Wir geben den Beteiligten stattdessen andere Namen und achten dabei darauf, daß diese Namen ähnlich klingen und einen ähnlichen Charakter haben, um das Gesprochene möglichst wenig zu ändern.

Das Material wird vielmals angeschaut, die Transkripte dabei immer weiter verfeinert. Neben den Äußerungen, den verbalen Informationen, notieren wir auch paraverbale, also das gesprochene Wort begleitende Informationen wie auffällige Betonungen, Dehnungen, Stimmhöhenverlauf und Lautstärke. Außerdem werden nonverbale Hinweise auf Bewegungen, Blicke und auch auf Unterrichtsmaterialien gegeben. Näheres zu Schreibweise und Sonderzeichen findet sich in der Transkriptionslegende am Ende der Publikation.

Während des gesamten Transkriptionsprozesses sollte man sich darum bemühen, in die Transkripte möglichst wenig Interpretationen einfließen zu lassen. Für die Möglichkeit der Reduzierung von Interpretation in einem Hintergrundkommentar sei folgendes Beispiel gegeben:

steht auf, um zur Lehrerin zu gehen.

Das könnte ersetzt werden durch:

steht auf und geht zur Lehrerin.

Die zweite Formulierung ist neutraler, offener, vielfältigen Interpretationsmöglichkeiten zugänglicher und damit im Rahmen unseres methodischen Vorgehens angemessener.

Die Transkriptionsarbeit abschließend fügen wir eine Zeilennummerierung ein. Dann werden die Transkripte analysiert. Mitunter kommt es während der Analyseprozesse zu Fragen an das Material: Wo sieht eine Schülerin bei ihrer Äußerung hin? Worauf könnte ein Schüler mit einem indexikalischen Begriff wie „das" referieren? In solchen Fällen schauen wir die Szenen noch einmal an und überarbeiten die Transkripte gegebenenfalls. Falls das zu einer zusätzlichen

Zeile führt, greifen wir in die automatische Zeilennummerierung ein und setzen beispielsweise zwischen Zeile 15 und 16 eine Zeile 15.1.

Auch das Transkribieren ist ein Interpretieren.[28] Insofern könnte es als ein Schritt der Dateninterpretation aufgefaßt werden. Im Mittelpunkt unserer Arbeit steht jedoch die Analyse der erstellten *Transkripte*. Mit „Dateninterpretation" meinen wir dementsprechend diese Analysen und die Komparation der Analysen. Insofern liegt der gesamte Transkriptionsprozeß davor.

2.2 Methoden der Dateninterpretation[29]

2.2.1 Rekonstruktion und Komparation

Unsere Vorgehensweise ist in zweierlei Hinsicht rekonstruktiv (vgl. Bohnsack 1993):

- Zum einen rekonstruieren wir die Interpretationen, die die Partizipanten in der Interaktion vornehmen. Diese Art der Rekonstruktion ist selbst ein interpretativer Akt, nämlich eine Interpretation von Wissenschaftlerinnen und Wissenschaftlern bezüglich einer Interpretation der Interaktantinnen und Interaktanten.[30]
- Zum anderen rekonstruieren wir unser eigenes Vorgehen im Hinblick auf seine methodischen Implikationen.

Letzteres hat zwei Gründe: Erstens können Zwischenergebnisse zu neuen Fragen an das Material führen und eine Erweiterung des Methodenrepertoires erforderlich machen.[31] Zweitens klaffen in der Realität Forschungspraxis und -darstellung oft auseinander (s. Bohnsack 1993, 25). Viele Forscherinnen und Forscher verfahren intuitiver, als sie es sich selbst und anderen gegenüber eingestehen (möchten) und gelangen gerade so zu neuen Erkenntnissen.[32] Mit der Rekonstruktion des eigenen Vorgehens versuchen wir den Forschungs-

---

28 Das schreiben auch schon beispielsweise Bauersfeld et al. in ihren Vorüberlegungen zu Bauersfeld et al. (1982). Sie setzen mit ihrer Problematisierung des Verhältnisses zwischen Dokumentation und Wirklichkeit sogar noch davor, nämlich bei den (Video-)Aufzeichnungen, an.
29 Zu unserer Verwendung des Begriffs „Dateninterpretation" s. den unmittelbar vorhergehenden Absatz.
30 In Schütz' Sprache handelt es sich um Konstruktionen zweiten Grades, wenn Wissenschaftler Konstruktionen von im Alltag vorgenommenen Konstruktionen vornehmen (s. Schütz 1971).
31 So haben zum Beispiel Brandt und Krummheuer die Partizipationsanalyse in unseren Forschungsprozeß integriert (Brandt & Krummheuer 1998).
32 Kelle verweist in diesem Zusammenhang auf Blumer (1954), der sich ausspreche für „offene Konzepte, die den Untersucher für die Wahrnehmung sozialer Bedeutungen in konkreten Handlungsfeldern *sensibilisieren*" (Kelle 1994, 235) – deshalb von Blumer auch „sensitizing concepts", also „sensibilisierende Konzepte" genannt.

prozeß transparenter und somit nachvollziehbarer und kontrollierbarer zu machen.

Komparation hat in der qualitativen Forschung eine andere Funktion als in der quantitativen. In der qualitativen sollen damit Theorien generiert und die neuen Produkte plausibilisiert werden. In der quantitativen Forschung dagegen dient die Komparation, z.B. von Experimentalgruppe mit Kontrollgruppe, zur Verifizierung von Hypothesen bzw. Theorien. Der Unterschied ist genau parallel zu dem in Abschnitt I:1.2 beschriebenen Unterschied zwischen Repräsentanz der Begriffe und Repräsentativität der Stichprobe. In jedem Fall hat Komparation die Funktion methodischer Kontrolle.

Komparation bezeichnet weniger einen einzelnen analytischen Arbeitsschritt, als daß es für einen methodischen Ansatz steht, der den gesamten Forschungsprozeß bestimmt. Wir gehen davon aus, daß gezielte Komparation von Interpretationen verschiedener transkribierter Interaktionseinheiten Möglichkeiten zu einer Theoriegenese eröffnen kann, die über die Einzelfälle hinausgehen kann und die die Analyse mehr oder weniger unverbunden nebeneinanderstehender Unterrichtsausschnitte so nicht eröffnet. Komparation ist ein gezielt einsetzbares Mittel, um produktive Bedingungen für einen abduktiven Schluß herzustellen.

Wir verfolgen das Prinzip der Komparation in unseren Arbeiten immer – wenn auch mit unterschiedlicher Intensität. Komparationen werden vorgenommen sowohl im Rahmen der Turn-by-Turn-Analyse als auch, wenn in einem abschließenden Auswertungsschritt die Interpretation einer Interaktionseinheit systematisch mit Interpretationen anderer Interaktionseinheiten verglichen wird. Die Interpretationen werden nicht als statisch betrachtet, mit ihnen wird kein Wahrheitsanspruch erhoben; vielmehr können sie im Rahmen der Komparation noch einmal modifiziert werden. Sie stellen eine theoriebezogene Deutung dar, und in der Kontrastierung von Deutungen verschiedener Unterrichtsausschnitte können Schwächen oder Defizite dieser verwendeten Theorien zutage treten, die dann als Grundlage zur theoretischen Weiterentwicklung dienen.

Im Anschluß an die Generierung neuer Theorieelemente muß der Nachweis erfolgen, daß die ausgewählten Fälle mit den generierten Begriffen tatsächlich schlüssiger erklärt werden können. Hierbei kommt der Komparation dann eine Funktion methodischer Kontrolle zu.

2.2.2 Konkrete Analyse eines Transkriptes

Die formalen Standards der Auswertungspraxis, die im folgenden dargestellt werden, stellen eine Art Momentaufnahme unseres Arbeitens dar. Sie sind nicht unbedingt direkt auf andere Forschungsarbeiten übertragbar, aber beinhalten sicherlich für viele Fälle brauchbare Anregungen.

Je nach konkreter Fragestellung führen wir unterschiedliche Analysen durch. Grundlage ist dabei immer eine an der Konversationsanalyse und Ethnomethodologie angelehnte Interaktionsanalyse des Transkripts. Bei Bedarf können die Ergebnisse einer derartigen Interaktionsanalyse dann ergänzend weiterbearbeitet werden – im Rahmen unserer Forschungsinteressen z.B. argumentationsanalytisch.

Die folgende Beschreibung unserer Arbeitsschritte ist nicht als statisch festes Schema zu verstehen, sondern dient uns als Gerüst für die Analyse und als Checkliste für die Darstellung.

2.2.2.1 Erster Schritt: Interaktionsanalyse

In der Interaktionsanalyse soll rekonstruiert werden, wie die Individuen in der Interaktion als gemeinsam geteilt geltende Deutungen hervorbringen und was sie dabei aushandeln. Sie zielt darauf, die Interpretationen der Beteiligten zu rekonstruieren, d.h., es geht um die Rekonstruktion der in der Situation für die Beteiligten sinnvollen Handlungen. Es soll eine Vielfalt von Interpretationsmöglichkeiten im Sinne des kognitiven Stils der Wissenschaft (s. I:1.1) erzeugt werden. Bei der Interpretation einer Äußerung fragen wir uns also, auf welche Weisen die an der Interaktion Beteiligten diese Äußerung interpretieren könnten.

Die Interaktionsanalyse sollte mehrere Grundsätze bzw. Maximen erfüllen, die in der folgenden Reihenfolge bearbeitet werden können:

1) Gliederung der Interaktionseinheit
2) Allgemeine Beschreibung
3) Ausführliche Analyse der Einzeläußerungen – Interpretationsalternativen (re-)konstruieren
4) Turn-by-Turn-Analyse
5) Zusammenfassende Interpretation.

Ein Überspringen und Zurückspringen tritt auf und ist in vielen Fällen auch bereichernd. Entscheidend ist für uns, daß man sich im Zuge der Vervollkommnung einer Interpretation vergewissert, alle Maximen hinreichend berücksichtigt zu haben.

(1) Gliederung der Interaktionseinheit
Die Gliederung einer Interaktionseinheit, etwa einer gesamten Unterrichtsstunde oder einer Wochenplanarbeitsphase (zu Wochenplanarbeit s. II:3.2), in kleinere Einheiten kann nach unterschiedlichen Kriterien vorgenommen werden. Innerhalb der Gliederung eines Ausschnittes sollten die Kriterien nicht gewechselt werden, da es sonst (verstärkt) zu Überlappungen kommen kann. Die Gliederungskriterien können Forschungsinteressen widerspiegeln, etwa

- fachspezifische/fachdidaktische (z.b. von Beginn bis Ende der Bearbeitung einer bestimmten Aufgabe),
- interaktionstheoretische (z.b. vom Auftritt bis zum Abtritt einer Interaktantin/eines Interaktanten oder von Beginn bis Ende einer Interaktionsform wie Hilfe) oder
- linguistische (z.b. von einem bis zum nächsten zäsierenden Marker wie „so").

(2) Allgemeine Beschreibung

Die allgemeine Beschreibung ist eine erste mehr oder weniger spontane und oberflächliche Schilderung. Sie ist zu denken als an eine aufgeklärte, an schulischen Angelegenheiten interessierte und mit dem Kulturkreis vertraute Allgemeinheit gerichtet. Es geht hier zunächst lediglich darum, den in einer Erstzuschreibung vermuteten „immanenten" Sinngehalt zu benennen (s. Bohnsack 1993, 132f.).

(3) Ausführliche Analyse der Einzeläußerungen – Interpretationsalternativen (re-)konstruieren

An die allgemeine Beschreibung schließt eine ausführliche sequentielle Analyse an, d.h. es werden alternative Interpretationsmöglichkeiten entwickelt, die, der sequentiellen Organisierung von Gesprächen folgend, die folgenden Eigenschaften besitzen:

1. Die Äußerungen werden eine nach der anderen in der Reihenfolge ihres Vorkommens interpretiert, womit die Interpretationen nach vorne offen bleiben.
2. Plausibilisierungen dürfen und können nur rückwärts gewandt erfolgen.
3. Interpretationen müssen sich im Verlauf der Interaktion bewähren.

Mitunter ist es schwierig, sich an scheinbar eindeutigen Stellen von den eigenen ersten Alltagsinterpretationen zu lösen. Hier mag es in Anlehnung an die extensionale Analyse der Objektiven Hermeneutik[33] hilfreich sein, gedankliche Kontextvariierungen vorzunehmen (s.a. Bauersfeld et al. 1986, 13ff.). Auf diese Weise kann man zu alternativen Interpretationen gelangen; denn für eine scheinbar eindeutige Äußerung öffnen sich in anderen Kontexten neue Deutungsmöglichkeiten. Die Erstellung von Interpretationsalternativen kann so der Aufdeckung von Selbstverständlichkeiten dienen. Hilfreich kann außerdem das Interpretieren in Gruppen sein, weil dabei mehrere Sichtweisen häufig einfacher zusammengetragen werden können. Solch extensionales Interpretieren und Interpretieren in Gruppen ist außerdem an besonders schwer zugänglichen bzw. interpretierbaren Stellen ergiebig.

Möglich ist ferner, für solchermaßen entworfene Deutungen der Interaktanten potentielle Folgehandlungen zu entwerfen, derart, daß man sagt:

---

33 Zum Verfahren der Objektiven Hermeneutik und dem sequentiellen Vorgehen s. Oevermann et al. 1976.

Wenn A die Äußerung Bs so und so deutet, könnte in der Folge dieses und jenes zu erwarten sein. Tritt dann eine vorausgesagte Folgehandlung ein, so mag das als eine Stützung der Analyse gelten und wir sprechen davon, daß sich eine Interpretation bewährt habe. Mit anderen Worten: Man versucht Stützungsmöglichkeiten zu entwerfen.[34]

Bei dem Arbeitsschritt der ausführlichen Analyse von Einzeläußerungen und der Konstruktion von Interpretationsalternativen werden zuhandene theoretische Modelle herangezogen und auf ihre Erklärungsmächtigkeit überprüft.

(4) Turn-by-Turn-Analyse

In Anlehnung an die Konversationsanalyse und basierend auf der sequentiellen Organisierung von Gesprächen können die in der ausführlichen Analyse gewonnenen Deutungsalternativen eventuell wieder eingeschränkt werden. Dazu führt man eine Turn-by-Turn-Analyse durch. Man analysiert die auf A folgende Äußerung B und vergleicht die erarbeiteten Deutungsalternativen mit den für den Redezug A entwickelten. Das heißt, man versucht zu rekonstruieren, ob der zweite Turnehmer die vorausgehende Äußerung gemäß einer oder mehrerer der diesbezüglich generierten Deutungen interpretiert haben könnte und zu was er diese erste Äußerung durch seine folgende macht. Hierbei kann man prüfen, ob sich etwas von den für A entwickelten Deutungen bewährt. Es ist möglich, daß einige Alternativen durch eine solcherweise vergleichende Turn-by-Turn-Analyse herausfallen; auch kann es dazu kommen, daß man für die vorausgehende Äußerung neue Deutungen entwickeln muß.

Nachdem somit der zweite Interaktant dem ersten zu verstehen gegeben hat, wie er dessen Äußerung A deutet, hat der erste nun die Möglichkeit, korrigierend einzugreifen. In der Konversationsanalyse wird dann von ‚repairs', also von Reparaturen, gesprochen.[35] Unterläßt der erste Interaktant eine Korrektur und äußert keine weiteren Zweifel, so darf man – sowohl der Interaktionspartner als auch der anlysierende Wissenschaftler – davon ausgehen, daß er sich angemessen verstanden meint.[36] Das solchermaßen gemeinsam Hervorgebrachte fungiert dann als geteilt geltendes Wissen.

Die Frage der Turn-by-Turn-Analyse lautet also gewissermaßen: Wie reagieren andere Interaktanten auf eine Äußerung, wie scheinen sie die Äußerung zu interpretieren, was wird gemeinsam aus der Situation gemacht? Indem man eine Beziehung zwischen den verschiedenen Redezügen herstellt bzw. indem man versucht, diese Beziehung zu rekonstruieren, rekonstruiert man die gemeinsame, Zug um Zug erfolgende Themenentwicklung in der Interaktion.

---

34   Auch dieses Vorgehen findet sich bereits bei Oevermann et al. 1976.
35   Hierzu s. z.B. Schegloff 1977 und Jefferson 1974.
36   S. Edwards 1997, 100ff.

(5) Zusammenfassende Interpretation
In einem vorläufig letzten Schritt werden die am besten zu begründenden Gesamtinterpretationen der Szene noch einmal zusammengefaßt. Eine solche Zusammenfassung kann den Anstoß zur Theoriegenese geben.

Aufgrund der oben angesprochenen Darstellungsproblematik sind solche zusammenfassenden Interpretationen mitunter das, was von dem gesamten Analyseprozeß dargestellt wird.

2.2.2.2 Eine mögliche Ergänzung: Argumentationsanalyse

Nach der Interaktionsanalyse kann man bei Bedarf – also je nach konkretem Interesse – Ergänzungen vornehmen. Wir tun das beispielsweise im Hinblick auf die in der Interaktion hervorgebrachten Argumentationen.

Unser Interesse an einer genaueren Analyse von gemeinsam hervorgebrachten, also kollektiven Argumentationen gründet auf der Vorstellung, daß im Rahmen solcher Argumentationen grundlegende Lernprozesse vonstatten gehen. Miller (1986) schreibt:

Nur von solchen sozialen bzw. kommunikativen Handlungen, deren primäres Handlungsziel und deren Funktionsweise genau darin besteht, kollektive Lösungen für interindividuelle Koordinationsprobleme zu enwickeln, kann (wenn überhaupt) sinnvollerweise angenommen werden, daß durch sie grundlegende Lernprozesse ausgelöst werden können. Nur *ein* sozialer bzw. kommunikativer Handlungstyp scheint diese Bedingung zu erfüllen, und dies ist der *kollektive Diskurs* oder, um einen etwas genaueren Terminus zu verwenden, die *kollektive Argumentation*. (Miller 1986, 23)

Grundsätzlich sind zwei Argumentationsbegriffe voneinander zu unterscheiden:

- der rationalistische und
- der rhetorische.[37]

Rationalistische Argumentation ist sicherlich ein schulisches Lernziel; in Interaktionen von Grundschülerinnen und Grundschülern spielt sie jedoch eine geringere Rolle als die rhetorische Argumentation – und zwar sowohl als die Habermassscher[38] als auch als die Garfinkelscher[39] Ausprägung. In Krummheuer (1997) findet sich eine ethnomethodologisch ausgerichtete Aufarbeitung des Argumentationsbegriffs.

Außerdem kann man den Argumentationsbegriff hinsichtlich seiner Reichweite differenzieren, und zwar

- auf der makroanalytischen Ebene als einen ganzen Argumentationsprozeß innerhalb einer Diskussion bzw. als eine Diskursform und

---

37 S. Krummheuer 1997, 30ff.
38 S. Habermas 1985, Bd. 1, 35ff.
39 S. Garfinkel 1967, 280ff.

- auf der mikroanalytischen Ebene als Bezeichnung für die Begründung eines einzigen Inhaltes.

Wir sind daran interessiert, auf mikroanalytischer Ebene Argumentationen von Schülerinnen und Schülern zu rekonstruieren, und zwar in der Absicht, dadurch Denk- und Lernprozesse nachzuzeichnen. Methodisch gehen wir dabei nach dem Analyseschema Toulmins vor (s.a. Kopperschmidt 1989). Die folgenden Ausführungen sind eng an Toulmins 1975 erschienene Monographie „Der Gebrauch von Argumenten"[40] angelehnt.

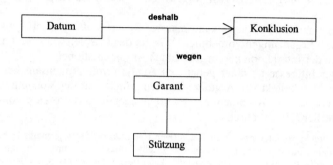

Die Konklusion ist die Aussage, die belegt werden soll. Das Datum ist eine Tatsache, ein Sachverhalt bzw. eine Information, auf die verwiesen werden kann als Antwort auf die Frage: „Worauf stützt du dich?" Die kürzest denkbare Argumentation würde dann lauten: Datum, deswegen Konklusion. Garanten[41] sind

allgemeine, hypothetische Aussagen, die als Brücken dienen können und diese Art von Schritten erlauben. (Toulmin 1975, 89)

Sie entsprechen laut Toulmin in der Regel einer erweiterten Möglichkeit zu argumentieren und können als Antwort auf die Frage: „Wie kommst du dahin?" gedacht werden. Stützungen schließlich sind Tatsachen, die zur Anwendbarkeit einer Schlußregel führen. Sie beantworten quasi die Frage: „Warum soll die genannte Schlußregel *allgemein* als zulässig akzeptiert werden?" Stützungen hängen von dem jeweiligen situativen Kontext ab; es kann sich dabei beispielsweise um Klassifikationen, Gesetze, Statistiken oder geteilte Erfahrungen handeln (ebd., 94).

Neben diesen vier Teilen einer Argumentation führt Toulmin noch modale Operatoren und Ausnahmebedingungen ein. Das sind Angaben über den Grad der Stärke der Schlußfolgerung (z.B.: „notwendigerweise" oder „ver-

---

40 Die Originalausgabe erschien 1969 unter dem Titel „The Uses of Argument".
41 Im Englischen heißt es „warrant", was meist mit „Schlußregel" übersetzt wird. Wir verwenden „Garant" als Übersetzung, weil dieser Begriff weniger technizistisch und irreführend ist (s. Brandt & Krummheuer 1998, 11, Anmerkung 1).

mutlich") und über die Umstände, unter denen die Schlußregel nicht angewendet werden darf. Wir nehmen diese modifizierenden Aspekte aus zwei Gründen nicht in unser Analyseschema auf: Erstens werden die verschiedenen Möglichkeiten bereits in der Interaktionsanalyse entfaltet, und zweitens wird bei den die Interaktionsanalyse ergänzenden Analysearten versucht, mit derjenigen Interpretation weiterzuarbeiten, die als die wahrscheinlichste ausgewählt wurde, wenn also bereits eine Reduzierung der Interpretationsmöglichkeiten vorliegt.

Die Analyse des Verlaufs und der Inhalte der kollektiven Argumentation kann Antworten auf Fragen zum fachlichen Lernen bringen.

3. Einzelergebnisse aus Projekten zur sozialen Konstitution von Lernen in der Grundschule[42]

Im folgenden werden Teilergebnisse aus zwei Projekten der Arbeitsgruppe Interpretative Unterrichtsforschung vorgestellt. Ziel ist hierbei, das Spektrum der Forschungsfragen etwas zu beleuchten.

3.1 Narrativität unterrichtlicher Argumentation (Krummheuer)

In diesem Abschnitt werden einige Ergebnisse aus dem Forschungsprojekt „Argumentieren im Mathematikunterricht der Grundschule" dargestellt. Es werden zum einen exemplarisch eine Interaktionsanalyse durchgeführt und zum anderen Elemente einer Interaktionstheorie schulischen Lernens vorgestellt, die im zugrundeliegenden Projekt gewonnen wurden.

Das Projekt ist vom Land Baden-Württemberg 1994 und 1995 gefördert worden. Der Abschlußbericht liegt vor (Krummheuer 1997a). Es handelt sich hierbei um eine interpretative, mikroethnographische Studie, in der alltäglicher mathematischer Grundschulunterricht beobachtet und videodokumentiert wurde. Sie ist eine Vorstudie zum DFG-Projekt „Rekonstruktion von Formaten kollektiven Argumentierens" (s. z.B. Brandt & Krummheuer 1998). Das Analyseinteresse zielt auf die Rekonstruktion des argumentativen Aspekts in der fachbezogenen Unterrichtsinteraktion (s. Krummheuer 1997a).[43] Im folgenden wird einschränkend über die Interaktion in mathematischer Gruppenarbeit gesprochen: Dabei wird die Rationalisierungspraxis in diesen Gruppenprozessen rekonstruiert. Die Konzentration auf Gruppenarbeit läßt sich u.a. durch die folgenden zwei Punkte begründen:

1. Die Analyse von Schülergruppenarbeit ist aus schulpraktischer Sicht von besonderem Interesse, weil diese Sozialform für eine Lehrerin während

---

42 Zum Problem der Darstellung von Forschungsarbeiten s. Abschnitt II:2.
43 Eine ergänzende Fragestellung verfolgt Naujok in II:3.2.

des Unterrichts nur schwer und im Grunde nur aus der Ferne zu analysieren ist; denn wenn sie zu einer solchen Schülergruppe hinzutritt, verändert sich notwendigerweise die Interaktionsstruktur der Gruppe.
2. Gruppenarbeit besitzt auch heute noch den Touch von alternativem Unterricht, obwohl diese Sozialform seit Jahrzehnten diskutiert, propagiert und erprobt wird. Gerade in neueren Reformansätzen zur Grundschule, die häufig unter dem Schlagwort „Offener Unterricht" firmieren, wird dieser Interaktionsform ein weiteres Mal ein herausgehobener Stellenwert zugewiesen. Eine genauere Kenntnis über die Funktionsweise von Gruppenarbeitsprozessen ist also auch für die Einschätzung und Weiterentwicklung solcher Ansätze hilfreich.

3.1.1 Die narrative Prägung der Interaktion in mathematischer Gruppenarbeit

In dem Projekt wird der rationale Aspekt der Interaktionen zwischen den Kindern, d.h. wie sie untereinander argumentieren, ihre Handlungen begründen und gegebenenfalls einander erklären, und seine Funktion für die Ermöglichung fachlichen (mathematischen) Lernens untersucht. Die im folgenden weiter zu illustrierende These lautet, daß Argumentationen in Darstellungsformen emergieren, die den Strukturen beim Erzählen von Geschichten ähnelt, daß also die *Argumentationskultur* in den Interaktionen *narrativ* geprägt ist. In den narrativ gearteten Unterrichtsprozessen spiegeln sich der Anspruch und das Bemühen der Beteiligten wider, die Rationalität der eigenen Beiträge zu demonstrieren. Die narrative Argumentationskultur in der Gruppenarbeit basiert also auf Rationalität, und Lernen wird durch die Teilnahme an der gemeinsamen Hervorbringung argumentativer, narrativ geprägter Handlungssequenzen ermöglicht.

Wenn hier die These aufgestellt wird, daß die Interaktion in der Unterrichtskultur als narrativ verstanden werden kann, so meint dies nicht, daß im Unterricht unentwegt „Geschichten" erzählt werden. Vielmehr soll damit zum Ausdruck gebracht werden, daß das in der Unterrichtsinteraktion verhandelte Thema häufig so hervorgebracht wird, daß man darin Aspekte eines narrativen Prozesses rekonstruieren kann. Der Begriff des „Erzählens" wird hier also zur Beschreibung eines spezifischen Phänomens *alltäglicher Unterrichtskonversation* verwendet und nicht im literaturwissenschaftlichen Sinne gebraucht.

Nach Bruner (1990) lassen sich vier charakteristische Eigenschaften für narrative Hervorbringungen nennen:

1. die spezifische Sequentialität der Darstellung,
2. die Indifferenz zwischen Wahrem und Fiktivem,
3. der spezifische Umgang mit Abweichungen von Normalerwartungen und

4. die Dramaturgie der Darstellung
   (s. S. 50, s. auch z.B. Boueke & Schülein 1991; Ehlich 1980).

In den folgenden Ausführungen wird vor allem auf den ersten und dritten Punkt Bezug genommen. Die hier behauptete Narrativität wird also in der typischen musterhaften Sequentialität der Gruppenarbeit gesehen, in der die Besonderheit (Abweichung) eines Ereignisses wie z.b. eines gefundenen Lösungsprozesses zu einer neuen Mathematikaufgabe in Beziehung zu den gewohnten Ereignisbewältigungen dargestellt wird.

Der Grund, Unterrichtsprozesse narrationstheoretisch zu begreifen, ergibt sich im wesentlichen daraus, daß der Narrativität in unserer Kultur über erzähldidaktische und literaturwissenschaftliche Faszinationen hinaus ein hoher Stellenwert im Blick auf die Ermöglichung von Lernen zugemessen wird. Hier sei in bezug auf die Schule vor allem auf die späten Arbeiten von Bruner hingewiesen (Bruner 1986, 1990, 1996).

Unterrichtsprozesse besitzen zwei Besonderheiten, die sie in gewisser Weise von den üblichen Vorstellungen zur Narration unterscheiden:

– Schüler und Lehrer ergänzen sich häufig wechselseitig in der Rolle des Erzählers. Es gibt also nicht die festverteilten Rollen des Erzählers und des Zuhörers (s. hierzu z.B. Klein 1980). Vielmehr sind in der Regel mehrere Personen an der Erzeugung einer solchen Geschichte beteiligt. Dies gilt häufig auch für die Gruppenarbeit unter Schülern.
– Ferner werden nicht nur Geschichten über etwas Vergangenes erzählt, sondern es wird durch Geschichten auch Neues hervorgebracht.

Gewöhnlich verbindet man mit einer „Geschichtenerzählung" die Vorstellung, daß etwas bereits Erlebtes zur Darstellung gebracht wird (vgl. Collmar 1996, 179). Mit Kallmeyer & Schütze (1977) kann man dann davon sprechen, daß eine bestimmte Form der Sachverhaltsdarstellung vorliegt (S. 159f.). In den beobachteten Gruppenprozessen zu mathematischen Problemaufgaben wird z.B. aber auch dann eine narrativ beschaffene Interaktion gesehen, wenn die Kinder die einzelnen Rechenschritte zur Problemlösung durchführen und sie dabei hersagen: In diesen Fällen „erzählen" sie gleichsam, wie sie zur Lösung (ge)kommen (sind), oder wie man zur Lösung kommen kann. Man könnte also eher von einer Sachverhalts-Konstitution sprechen (s. hierzu Gumbrecht 1980, 407). In ihr läßt sich das typische Moment von Geschichten, nämlich die Darstellung eines konkreten Falles, in dem eine durch Schwierigkeiten und Komplikationen versehene Problemlage überwunden wird, wiedererkennen (s. hierzu z.B. Bruner 1986, 16ff.; 1990, 47ff.; Collmar 1996, 179).

Das Forschungsinteresse zielt auf das Fachliche im Grundschulunterricht. Hier wird es speziell auf mathematische Lernprozesse in Schülergruppenarbeit bezogen. Zur klareren Herausarbeitung dieser fachlichen Dimension schulischen Argumentierens und Lernens im Rahmen einer Interaktionstheorie sind noch begriffliche Ergänzungen notwendig. Sie betreffen die verschiedenen Leistungen, die Kinder in interaktiv strukturierter Arbeit abverlangt werden: Kinder müssen klären

was wann getan werden soll und
wer wann etwas tun soll.

In beiden Fällen geht es um Entscheidungen über den richtigen Zeitpunkt, wobei dieser sich

– im ersten Punkt aus der Einsicht in eine für die Problemlösung dienliche Bearbeitungssequenz und in die damit verbundene zeitliche Abfolge von Lösungsschritten und
– im zweiten Punkt aus der Befolgung einer Interaktionsstruktur und aus den damit verbunden zeitlich bestimmten Sprecherwechseln

ergibt. Die im ersten Fall zu unterlegende Handlungs- und Interaktionsstruktur nennt Erickson (1982) die sachbestimmte Bearbeitungssequenz (academic task structure: ATS). Sie basiert auf dem *unter den Schülern* geteilten Verständnis der Aufgabensituation. Deshalb ist sie nicht mit einer aus sachlogischen Erwägungen deduzierbaren Sequenz von Lösungsschritten gleichzusetzen (s.a. Vollmer & Krummheuer 1997). Im zweiten Fall spricht Erickson von der sozialen Beteiligungsstruktur (social participation structure: SPS). Beide Strukturen stehen in einem wechselseitigen Abhängigkeitsverhältnis (s. Erickson 1982, 156; Mehan 1979 u. Vollmer 1997).

Im folgenden werden an einem Beispiel vor allem Aspekte der ATS im Hinblick auf ihre narrative Realisierung in den Unterrichtsepisoden erörtert. Dies begründet sich zum einen aus dem erklärten Interesse an inhaltlichen Lernprozessen in der Schule; zum anderen scheinen die Forschungen zum Problemkreis der Beteiligungsstrukturen in der sozialen Interaktion bereits relativ entwickelt zu sein (s. z.B. Bauersfeld 1978; Bauersfeld et al. 1985; Brandt & Krummheuer 1998; Erickson 1986; Krummheuer 1983, 1995; Maier & Voigt 1991; Mehan 1979; Voigt 1984, 1991; Zinnecker 1975).

3.1.2 Ein Beispiel

Die Schülergruppe Daniel, Slawa und Stanislaw aus einer dritten Klasse wird in der Darstellung von Trikot-Rückennummern mit den ersten vier Gliedern zweier Zahlenfolgen konfrontiert und soll jeweils das fünfte Element bestimmen.

Die beiden Zahlenfolgen lauten:

A: $\{3 - 8 - 15 - 24 - ?\}$ und

B: {3 – 2 – 4 – 3 – ? }.

Der Bearbeitungsprozeß zu beiden Aufgabenteilen ist videoaufgezeichnet und dauert ca. 12 Minuten. Das zugehörige Transkript umfaßt 240 Zeilen (s. Krummheuer, 1997b). Im folgenden sollen zunächst detailliert die Interaktionsanalyse für einen Ausschnitt aus einer Interaktionseinheit (3.1.2.1) und dann die zugehörige Argumentationsanalyse (3.1.2.2) vorgestellt werden. Abschließend wird der Bezug zur obigen Forschungsfrage ausgeführt (3.1.3).

3.1.2.1 Ausführliche Interaktionsanalyse

Gemäß der Interpretationsschritte der Interaktionsanalyse (s. II:2.2.2.1) gilt es zunächst, das Gesamtgeschehen zu gliedern. Die Interaktionseinheit läßt sich grob wie folgt einteilen (s. hierzu Krummheuer 1997a, 44ff.):

1. Erster Aufgabenteil
   1.1 Vertrautmachen mit der Aufgabenstellung
   1.2 Erster Lösungsvorschlag
   1.3 Suche nach anderen Lösungsansätzen
   1.4 Einigung auf den ersten Lösungsvorschlag
2. Zweiter Aufgabenteil
   2.1 Erster Lösungsversuch
   2.2 Suche nach anderen Lösungsansätzen
   2.3 Einigung auf den ersten Lösungsvorschlag
   2.4 Besprechung des Lösungsweges mit der Lehrerin

Für die detaillierte Interpretation ist der Abschnitt „1.2 Erster Lösungsvorschlag" ausgewählt worden.

Transkript[44]

01 <	Slawa	*auf das Bild zeigend* hier kommt fünf hier kommt sieben /
02 <	Daniel	drei und fünf is acht -
03	Slawa	hier kommt (.) neun /
04	Daniel	hinten hat er ne vier \
05 <	Stanislaw	ja \
06 <	Slawa	er kriegt ne elf –
07	Daniel	warum ne elf /
08	Stanislaw	warum /

---

44 Die Zeilennummerierung stimmt nicht mit dem Original überein (Krummheuer 1997a, 46f.). Dort haben die Zeilen die Numerierung 47 bis 65. Auch die Transkriptions*zeichen* stimmen nicht mit denen im Originaltranskript überein. Sie sind hier an die von den Transkripten in II:3.2 angepaßt worden. Die Regeln werden in der Transkriptionslegende am Ende der Publikation wiedergegeben. In spitze Klammern gesetzte Zahlen verweisen auf Transkriptzeilen. Wenn im folgenden aus den Transkripten zitiert wird, so wird das Zitierte unter Beibehaltung aller sonstigen Markierungen stets kursiv gesetzt.

09	Slawa	ne elf \ kuck / (.) *flüsternd* wieviel plus drei (.) kuck / (.)
10		an der Zahl \ fünf -
11	Slawa	*an Daniel gewandt und immer noch auf das Bild zeigend*
12 <		hier kommt schon mal sieben /
13 <	Daniel	ja / (.) von drei bis acht sind fünf \
14	Slawa	(.) sieben -
15	Daniel	sieben -
16	Slawa	neun / (.) elf \
17	Stanislaw	*unverständlich* ha ja \
18	Slawa	elf plus vierundzwanzig \ zu dem hier \ dann gibts *rechnet etwa 2 sec*
19 <		fünfunddreißig \
20 <	Daniel	hä / *unverständlich*

Der erste Eindruck zu dieser Szene ist: Slawa hat eine Lösung gefunden. Seine beiden Mitschüler können ihm aber wohl nicht vollständig folgen und somit seinem Lösungsvorschlag nicht gänzlich zustimmen. Die Zahl 34 für das fünfte Folgenglied hat er vermutlich über die Bestimmung der Differenzen ermittelt. Auf den ersten Blick ist sein Vorgehen für den Interpreten nicht nachvollziehbar. Im einzelnen ergibt sich:

Slawa macht den Vorschlag *hier kommt fünf hier kommt sieben* / <01>. Für die Interpretation entsteht die Schwierigkeit, daß die genannten Zahlen fünf und sieben in der Aufgabe nicht vorkommen, Slawa aber auf das Bild des Aufgabentextes weist. Offen bleibt, worauf er in der Aufgabe zeigt. Es erscheint nicht naheliegend, daß er hiermit zwei Zahlen aus den Zahlenfolgen A und/oder B meint und sich dabei dann aber verliest. Eher ist zu vermuten, daß er diese beiden Zahlen als *Lösungen* oder *Teillösungen* der Aufgaben versteht. Die gewählte Formulierung *hier kommt* kann als Hinweis auf die Nennung eines Ergebnisses oder Zwischenergebnisses gedeutet werden.

Versteht man die Zahlen als *Lösungen* der Aufgabe, so kann man systematisch die folgenden Interpretationsvarianten erzeugen:

1. Die Zahlen 5 und 7 sind die Lösungen für die Folgen A und B. Dies ergäbe die Möglichkeiten
   1.1: A: $\{3 - 8 - 15 - 24 - 5\}$ und B: $\{3 - 2 - 4 - 3 - 7\}$ oder
   1.2: A: $\{3 - 8 - 15 - 24 - 7\}$ und B: $\{3 - 2 - 4 - 3 - 5\}$

2. Die Zahlen 5 und 7 sind die aufeinanderfolgenden Lösungen einer der beiden Zahlenfolgen, also
   2.1: A: $\{3 - 8 - 15 - 24 - 5 - 7\}$ oder
   2.2: B: $\{3 - 2 - 4 - 3 - 5 - 7\}$.

Für keine der vier Interpretationen fällt dem Interpreten eine Formel oder ein Bildungsgesetz ein, nach denen das fünfte bzw. sechste Folgenglied errechnet werden könnte. Aus fachlicher Sicht sei jedoch in diesem Zusammenhang erwähnt, daß alle oben genannten Lösungen mathematisch möglich sind: Man kann aus der Kenntnis von vier Folgegliedern das fünfte nicht eindeutig bestimmen. Jede Zahl ist an dieser Stelle denkbar. In weiteren Äußerungen müßte man bei Zugrundelegung einer dieser Interpretationen Hinweise finden, daß die Zahlwahl beliebig ist.

Versteht man Slawa in seiner Anfangsäußerung so, daß er auf *Teillösungen* verweisen wollte, so liegt es dann wohl nahe anzunehmen, daß er die Differenzen zwischen dem zweiten und ersten und sodann zwischen dem dritten und zweiten Folgenglied der Folge A nennt. Sein Blick würde sich in dem Fall darauf richten, was von Schritt zu Schritt dazukommt. Das heißt, die Differenz wird im Sinne einer Ergänzung gebildet: Drei und fünf dazu ergeben acht (entspricht 8-3 = 5); acht und sieben dazu ergeben fünfzehn (enstpricht 15-8 = 7). Bei Zugrundelegung dieser Interpretation müßte man erwarten, daß Slawa in Folgeäußerungen z.B. als dritte und vierte Differenz die Zahlen neun und elf nennen würde.

Insgesamt scheint Slawa seinen Vorschlag in einem vorsichtigen Tonfall vorzutragen (Stimmhebung am Ende). Man kann vermuten, daß er sich seiner Sache (noch) nicht ganz sicher ist. Dies könnte z.B. dadurch bedingt sein, daß er relativ spontan einen Einfall vorträgt, diesen aber noch nicht bis zum Ende durchdacht hat. Vielleicht möchte er seine beiden Mitstreiter für ein gemeinsames Weiterdenken gewinnen.

Zeitgleich zu Slawas Äußerung sagt Daniel *drei und fünf is acht* – <02>. Hierbei handelt sich es erst einmal um eine arithmetisch korrekte Addition. Daniel hält seine Stimme zum Schluß in der Schwebe. Das läßt vermuten, daß er nicht nur diesen Zahlensatz konstatieren möchte. Für einen Drittkläßler sollte das auch kein numerisches Problem mehr sein. Man kann wohl annehmen, daß er noch fortfahren möchte, um z.B. etwas für ihn insgesamt Fragwürdiges zu erwähnen. Versucht man irgendeine Verbindung dieser Aussage mit dem Aufgabenblatt herzustellen, so ergibt sich als Interpretation die Differenzbestimmung zwischen zweitem und erstem Folgenglied der Folge A im Sinne einer Ergänzung (s.o. die Interpretation von Slawas Äußerung).

Bei dieser Interpretation kann man eine Koinzidenz zu der letzten Deutung von Slawas Äußerung feststellen. Allerdings bezieht sich diese nur auf die erste Differenz, nämlich auf die zwischen zweitem und erstem Folgenglied. Möglicherweise zeigt Slawa in Zeile <01> für Daniel deutlich auf die beiden ersten Zahlen der Folge A. Die beiden Turns scheinen sich also hinsichtlich der ersten Ergänzungszahl wechselseitig zu stützen.

Slawa sagt in Zeile <03> *hier kommt (.) neun /*. Sieht man dies in Zusammenhang mit seiner Äußerung in Zeile <01>, dann erfährt zunächst die Deutung, daß er die Differenzen zwischen den aufsteigenden Folgengliedern nennt, eine zusätzliche Stützung. Slawas Äußerungen in Zeile <01> und <03> haben zusammen betrachtet eine gewisse rhetorische Ausstrahlung: Sie iterieren dreimal die Formulierung *hier kommt* und fügen dann in aufsteigender Reihung die Zahlen 5, 7 und 9 ein. Man kann das so deuten, daß Slawa seiner Aussage hierdurch eine gewisse Rationalität oder argumentative Schärfe verleiht.

In Zeile <04> sagt Daniel *hinten hat der ne vier* \. Eine Interpretation könnte sein, daß sich Daniel hier eventuell auf die vierte Figur der Zahlenreihe A bezieht und hierbei auf die 4 der Zahl 24 verweist. Arithmetisch gedeutet, handelt es sich hier um den Einer dieser zweistelligen Zahl. Möglicherweise möchte Daniel hier die Ergänzung von 15 auf 24 berechnen bzw. die von Slawa genannte Zahl 9 in diesem Sinne überprüfen oder bestätigen. Überschlagsmäßig oder als ersten Rechenschritt könnte Daniel bei der durchzuführenden Rechnung 15+9 = ? die 4 als den Einer der Lösung 24 nennen.

Diesem Deutungsansatz zufolge würde man bei der Turn-by-Turn-Analyse vermuten, daß Daniel Slawas Lösungsansatz der Differenzberechnung nachvollzieht und dadurch akzeptiert und bestärkt: Über die erste Differenz 5 wurde bereits durch Daniels Turn in Zeile <02> Einigkeit unterstellt (s.o.). Die im gleichen Turn von Slawa genannte zweite Differenz 7 bleibt unbestätigt. In Zeile <03> liefert Slawa die dritte Differenz 9. In Zeile <04> könnte Daniel diese dritte Teillösung nachvollzogen haben und in ihrem Zahlenwert bestätigen. Bei dieser Deutung würde man in der Sequenz die interaktive Hervorbringung der ersten Schritte eines gemeinsam geteilten Lösungsweges, nämlich der Differenzbestimmung sehen. Für das weitere Vorgehen könnte man ein zügiges und gemeinsames Voranschreiten in dem Bearbeitungsprozeß vorhersagen, jedoch können in dieser Weise keine weiteren Differenzen berechnet werden. Im Lösungsprozeß müßte bald ein Wechsel der Perspektive von der Differenzermittlung zu der Untersuchung von Gesetzmäßigkeiten in der so entstandenen neuen Zahlenfolge aus den Differenzen stattfinden.

Eine *zweite* Interpretation der Äußerung in Zeile <04> zielt darauf, daß Daniel sich auf die mittlere Figur der unteren Figurenreihe (Folge B) bezieht. Die Formulierung *hinten* verweise in diesem Fall auf den Rücken der dargestellten Person. Hier würde Daniel in der Aufgabenstellung nicht zwei getrennte Teile sehen. Die Ähnlichkeit der dargestellten Figuren sowie der Wechsel von Frontansicht in der ersten Personenreihe zu der Rückenansicht in der zweiten Personenreihe haben ihn möglicherweise dazu gebracht, fünf identische Personen in Vorder- und Hinteransicht zu erkennen. Verstärkt wird diese Sichtweise eventuell noch dadurch, daß die erste dargestellte Person jeweils die Zahl 3 auf ihrem Trikot trägt.

Bei der Turn-by-Turn-Analyse dieser Interpretation von Daniels Äußerung scheint kein Bezug zu Slawas Ansatz vorzuliegen. Vielmehr wird hiermit eine Ausweitung der Problemstellung angedeutet, in der indirekt ein vager Alternativansatz zu Slawas Vorgehen aufscheint. Bei Zugrundelegung dieser Interpretation könnte man in Daniels folgenden Äußerungen eine weitgehende Konfusion vermuten. Denn die Komplexität der Aufgabenstellung nimmt bei Integration der zweiten Zahlenreihe in die Aufgabenstellung erheblich zu. Auch könnte sich das Gewahrwerden des Unterschieds zu Slawas Ansatz in einer zunehmenden Konfusion ausdrücken.

Zeitgleich äußern sich Stanislaw (*ja* <05>) und Slawa (*er kriegt ne elf* – <06>). Stanislaw kann sich auf alles Vorangegangene beziehen. Da er sein *ja* nicht weiter spezifiziert, sind keine einschränkenden Interpretationen möglich. Bei Slawa kann man hingegen annehmen, daß er seinen Ansatz der Differenzbetrachtung weiterentwickelt: Er hätte dann die Differenz zwischen dem zu ermittelnden fünften und vierten Folgenglied genannt. Gemäß dieser Deutung nennt bzw. berechnet Slawa zum ersten Mal nicht die Ergänzung (Differenz) zwischen zwei *bekannten* Zahlen. Diesmal ist nur noch *eine* Zahl bekannt, nämlich 24. Die Ergänzungsaufgabe kann somit gar nicht mehr wie in den vorhergehenden Fällen bestimmt werden. Die obige Deutung, daß Slawa die Differenzen zwischen den Folgengliedern berechne, bewährt sich hier also erneut und mündet in einen erweiterten Lösungsansatz. Bei dieser Auslegung könnte man erwarten, daß unter den drei Schülern der oben als Perspektivwechsel beschriebene Übergang von der Ausgangsfolge zur Differenzenfolge in irgendeiner Weise thematisiert wird, z.B. durch Unverständnisäußerungen bei Daniel und Stanislaw.

Slawas Formulierung ist leicht anders zu verstehen, da *er* als Personalpronomen sprachlich korrekt auf eine Person (in der Abbildung auf dem Aufgabenblatt) referieren müßte. So könnte man Slawas Äußerung in dem Sinne verstehen, daß auf dem Trikot dieser fünften Person die Zahl 11 stehe. In diesem Fall wäre zu erwarten, daß seine Mitschüler Unverständnis äußern und weitere Ausführungen verlangen.

In der Turn-by-Turn-Betrachtung wird durch Slawas Lösungsvorschlag *elf* Daniels mutmaßlicher Alternativansatz ein Stück zurückgedrängt <06>.

Beide Partner von Slawa fordern weitere Erklärungen ein <07f.>. Für sie erscheinen Slawas Äußerungen offenbar unverständlich. Dies bestärkt beide obigen Interpretationen:

1. Zumindest Daniel und Slawa haben die ersten Schritte eines Lösungsansatzes (Differenzen berechnen) gemeinsam hervorgebracht und stehen bei Fortsetzung diese Ansatzes vor einem Perspektivwechsel.
2. Nur Slawa hat diesen Ansatz verfolgt und so weit ausgearbeitet, Daniel sieht die beiden Zahlenreihen als Vorder- und Rückseite von fünf Trickots und hat auf der Grundlage dieser Deutung der Aufgabenstellung noch keinen erkennbaren Lösungsansatz entwickelt.

Slawa eröffnet seine Erwiderung mit *ne elf \ kuck /* und fährt dann flüsternd fort *wieviel plus drei (.) kuck / (.) an der Zahl \ fünf –* <09, 10>. Die Buchstabenfolge *ne* ist den Transkriptionsvereinbarungen gemäß als die umgangssprachlich übliche Verkürzung von *eine* zu lesen. Er wiederholt die in der Gruppe offenbar Verwirrung stiftende Zahl 11 noch einmal. Mit *kuck /* will Slawa möglicherweise auf zweierlei hinweisen. Zum einen kann man dies als Eröffnung einer nun folgenden Erklärung verstehen: er fordert gleichsam die Konzentration seiner Zuhörer ein. Zum anderen mag er aber auch die Überzeugungskraft seiner nun folgenden Erklärungen untermauern: Durch Hin*kuck*en kann seine Lösung bereits gefunden bzw. bestätigt werden.

Mit diesem Turn gelingt es Slawa wohl, seinen Lösungsansatz weiter durchzusetzen: Von Daniels Alternative(n) ist nicht mehr die Rede und mit der „Rhetorik des Guckens" scheint er einen gewissen Druck auf seine beiden Mitschüler auszuüben, auch einmal zu „gucken".

Die Teiläußerung *wieviel plus drei* (.) *kuck* / (.) *an der Zahl* \ *fünf* − wird hier so verstanden, daß er die Ergänzungszahl von 3 auf 8 (die ersten beiden Folgenglieder) erfragt und sie mit 5 dann auch nennt. Hierdurch findet der entsprechende Interpretationsstrang zu den vorhergehenden Äußerungen eine erneute Bestätigung.

Daniels Turn *ja* / (.) *von drei bis acht sind fünf* \ <13> zeigt, daß auch er seinen Mitschüler in dieser Weise versteht. Damit wird Slawas Ansatz ein weiteres Mal hervorgehoben.

Die Interpretation der weiteren Äußerungen von Slawa *Ne elf* \ *kuck* / (.) (unsicher flüsternd) *wieviel plus drei, kuck /, an der Zahl* \ *fünf* − <9, 10>, *hier kommt schon mal sieben* / (.) <12>, *neun* / (.) *elf* \ <16> und *elf plus vierundzwanzig* \ *zu dem hier* \ *dann gibts* (rechnet etwa 2 sec) *fünfunddreißig* \ <18, 19> kann zusammenhängend erfolgen, da die Turns der Mitinteraktanten Daniel <15 u. 20> und Stanislaw <17> eher Unverständnis zu Slawas Vorgehen bekunden und ihn wohl dazu animieren, seinen Lösungsansatz weiter zu verdeutlichen. Die Äußerungen von Slawa werden hier so verstanden, daß er eine Konstruktionsvorschrift für die Zahlenfolge gefunden hat, die mit den ersten vier dargestellten Folgengliedern übereinstimmt und somit einen begründeten Vorschlag für das gesuchte fünfte Folgenglied zuläßt: Die Differenz zwischen den Folgengliedern nimmt konstant um zwei zu; da diese Differenz zwischen viertem und drittem Folgenglied 9 ist, beträgt sie zwischen gesuchtem fünften und dem vierten Folgenglied 11; somit hat dieses Folgenglied den Wert 35. Das bei der Interpretation von <06, 07, 08> dargestellte Problem der fehlenden Ergänzungszahl wird hier gelöst: Sie ergibt sich aus der Fortschreibung der Folge der Differenzen {5, 7, 9, *11*}.

Bei der Turn-by-Turn-Analyse ergibt sich somit: Der erste Schritt (Bestimmung der Differenz 5) wird in diesem Lösungsgprozeß von Daniel noch rephrasiert und bestätigt <13>. Die nächsten beiden Schritte (Bestimmung der Differenzen 7 und 9) haben eventuell noch Daniels Zustimmung gefunden. Alternativ könnte Daniel in dieser Phase auch einen komplexeren Lösungsansatz anvisieren. Slawas letzte zwei Schritte, die dann zur Bestimmung des gesuchten fünften Folgengliedes (35) führen, werden von Daniel und Stanislaw offensichtlich nicht akzeptiert. Stanislaw scheint zum Ende hin noch einmal eine positive aber unspezifizierte Reaktion abzugeben <17>.

Zusammenfassend kann man festhalten: Slawas Argumentation basiert auf der Bestimmung der Differenzenfolge und der Identifizierung ihres Bildungsgesetzes. Sie ist verbal wenig ausformuliert: Er benennt lediglich die Differenz zwischen den Folgengliedern. Auf die Gesetzmäßigkeit der Zunahme um den Wert zwei bei der Differenzenfolge wird von ihm nicht explizit eingegangen. Sie ergibt sich nur, wenn man als Zuhörer quasi im Nachhinein aus den genannten Gliedern der Differenzenfolge, nämlich 5, 7, 9, den Schluß zieht, daß hier der Zuwachs jeweils zwei beträgt.

Die von Slawa als erkannt unterstellte Gesetzmäßigkeit der Folgenkonstruktion wird von ihm in einer Sequenz von Äußerungen umschrieben. Hierdurch wird eine academic task structure (ATS) in der Interaktion hervorgebracht. So kann man aus mathematischer Sicht in Slawas Lösungsfindung ansatzweise die Thematisierung zweier neuer Objekte hineinsehen: den Begriff der Differenzenfolge allgemein und die ersten vier Glieder der speziellen Differenzenfolge {5, 7, 9, 11}. Der Junge gibt ihnen keine Namen, er definiert sie nicht explizit, und in gewisser Weise redet er auch nicht über sie, sondern *durch* sie. Die ATS wird also nicht begrifflich repräsentiert. Sie erscheint nur in der konsequent eingehaltenen Sequentialität der zu nennenden vier Glieder dieser Differenzenfolge. Als Zuhörer muß man einerseits diese sequentielle Konfiguration der Darstellung an dem konkreten Zahlenmaterial erkennen und andererseits von diesen konkreten auch wieder die mathematische Struktur extrahieren. Seine beiden Mitschüler können ihm an dieser Stelle gedanklich wohl nicht folgen.

3.1.2.2 Argumentationsanalyse

Gemäß der in der obigen Zusammenfassung ausgezeichneten Interpretation der Gesamtszene läßt sich Slawas Argumentation nach dem Schema Toulmins wie untenstehend rekonstruieren.

Stützungen werden erst später im Dialog mit der Lehrerin generiert (s. Krummheuer 1997a, 55f.).

Allem Anschein nach findet diese Argumentation bei den Mitschülern Daniel und Stanislaw wenig Zustimmung. Die geringe Akzeptanz dieser Argumentation mag darauf zurückzuführen sein, daß Slawa seine Erklärungen sprachlich äußerst knapp hält: Er stellt immer nur vor, was er gerechnet hat, z.B. die Differenzen 3, 5, 7 usw. Selbst wenn erhöhter Erklärungsbedarf angezeigt wird, Slawa also unter argumentativen Zugzwang gerät, behält er diese Rationalisierungspraxis des narrativen Vortrags von der Sequenz der Berechnungsschritte bei. Er liefert also „immer mehr vom Selben". Argumentationstheoretisch kann man die mangelnde Akzeptanz so beschreiben, daß Slawa in seinen Darstellungen einen Schluß entwickelt, dessen Garant, nämlich die Gesetzmäßigkeit in der Differenzenfolge, nicht gemeinsam geteilt wird.

3.1.3 Die in Gruppenarbeit konstituierten Lernbedingungen

Nach diesen exemplarischen Analysen soll wieder der theoretische Gedankengang aus dem obigen Abschnitt 3.1.1 aufgegriffen werden: Es wird genauer dargestellt, in welcher Beziehung die rekonstruierten Strukturierungen rationalen Aufgabenlösens in Schülergruppenarbeit zu den dadurch mitkonstituierten sozialen Bedingungen fachbezogenen Lernens stehen. Diese Ausführungen münden in die Skizze eines lerntheoretischen Modells von fachlichem Lernen durch Partizipation an narrativ geprägten Argumentationsprozessen.

Nach Erickson (1982) ist eine ATS durch die folgenden vier Merkmale charakterisiert:

1. innere „Logik", Plausibilität oder Rationalität der Bearbeitungssequenz,
2. die fachliche Kompetenz zur Ausführung der einzelnen Bearbeitungsschritte,
3. Meta-Hinweise auf die Beschaffenheit und Wirksamkeit der ATS und
4. materiale Hilfsmittel zur Durchführung der Bearbeitungsschritte (s. S. 154).

Über die Analyse der obigen Szene hinausgehend lassen sich diese vier Gesichtspunkte in der *gesamten Episode* in folgenden Ausprägungen rekonstruieren (s. Krummheuer 1997a, 44ff.):

1. Die Beschreibung, die für die einsehbare Verwendung der ATS benötigt wird, wird nicht explizit gemacht. Vielmehr wird narrativ in verdeckter Weise auf sie verwiesen. Slawas Mitschüler sind nicht in der Lage, die ATS in dieser Darstellungsweise zu erkennen. Die Plausibilität des Lösungsweges bleibt für sie dann zum größten Teil verschlossen.
2. Für die Ausführung der einzelnen Schritte dieser ATS benötigen die Jungen bestimmte mathematische Kompetenzen, wie z.B. Addition und Subtraktion mit natürlichen Zahlen.
3. In der Gruppe werden fast keine „Meta-Hinweise" auf die Funktionalität der ATS oder einzelner Schritte der ATS gegeben. Auch dies wird als ein Charakteristikum einer narrativ geprägten Interaktion gesehen. Die „Moral von der Geschichte", d.h. Hinweise auf die innere Struktur des Lösungsentwurfs, auf zugrundeliegende Begrifflichkeiten, Zusammenhänge zwischen einzelnen Bearbeitungsschritten usw., wird nicht durch entsprechende Kommentierungen verdeutlicht. All dies muß also von den Gruppenmitgliedern erschlossen werden.
4. Die Darstellung der Lösungsschritte erfolgt vorwiegend durch das gesprochene Wort. Die Jungen greifen nicht auf alternative Darstellungen wie z.B. visuelle Verdeutlichungen zu. Auch dies kann als ein Charakteristikum narrativ geprägter Interaktionsprozesse in mathematischer Gruppenarbeit gelten.

Diese Ergebnisse zeigen, daß auf der kommunikativen Oberfläche derartiger interaktiver Bearbeitungsprozesse im Grunde nur über Zwischenergebnisse und Lösungen gesprochen wird. Dies ist sicherlich ein bekanntes Phänomen mathematischer Schüleraktivitäten. Die zur Sprache kommenden Berechnungen stellen jedoch nur die Oberfläche eines tiefer strukturierten rationalen Vorgehens dar – was für narrativ geprägte Interaktionsprozesse typisch ist.

Diese Form der Aufgabenbearbeitung fördert somit eine Rationalität, die dem Schüler eine Argumentation über die „Richtigkeit" der Lösung nur offenbart, sofern er die Argumentation aus der spezifischen Handlungssequenz der hervorgebrachten Geschichte zu erschließen vermag.

Die Rationalität des Handelns drückt sich in der Befolgung bzw. Neukreation einer ATS aus. Mit ihr wird eine von den Bearbeitern für sachlich angemessen gehaltene Sequenz von Arbeitsschritten festgelegt, bei deren Befolgung ein plausibles Ergebnis zu erwarten ist. Ihre interaktive Realisierung erfolgt in einem narrativen Stil: Die in den einzelnen Bearbeitungsschritten einer ATS durchzuführenden Rechnungen werden gleichsam „erzählt", sofern hierzu die benötigte Kompetenz eingebracht werden kann. Typischerweise wird in derart narrativ realisierten aufgabenspezifischen Bearbeitungssequenzen (ATS) die innere Logik des gesamten Vorgehens nicht explizit thematisiert, sondern von Beteiligten als selbst zu erbringende Leistung gefordert: Sie müssen diese innere Logik aus der spezifischen Darstellung einer Geschichte erschließen.

Im Rahmen des Narrativitätsprojekts wurden mehrere Episoden in dieser Weise analysiert. Hierbei wurden Schüler aus dem 2., 3. und 4. Schuljahr beobachtet. Über die Komparation der analysierten Unterrichtsprozesse wurde eine Theoriekonstruktion angeregt, die die Funktionsweise narrativ geprägter Aufgabenbearbeitungsprozesse für fachliches Lernen in der (Grund-)Schule zu beschreiben ermöglicht. Das lerntheoretische Modell von Partizipation an derartigen Prozessen hat folgende Gestalt:

Die Kinder können zur Teilnahme an einer ATS-bestimmten Interaktion gewonnen werden, indem sie diejenigen Bearbeitungsschritte selbständig ausführen, zu denen sie in der Lage sind. Bei mehrfacher Wiederholung solcher Sequenzen werden sie möglicherweise alle Schritte selbständig ausführen können – was eventuell einen Lernzuwachs anzeigt.

Die emergierenden narrativ geprägten Bearbeitungssequenzen erhalten nur dann argumentative Glaubwürdigkeit, wenn die Kinder in der spezifischen, aktuell hervorgebrachten Lösung die miterzählte Argumentation ausmachen können. Verfügen die Kinder bereits über einen solchen argumentativen Gemeinplatz, dann lernen sie nicht unbedingt etwas Neues dazu, sondern bringen lediglich eine für sie überzeugende Lösung hervor. Ist die Argumentation hingegen für die Kinder noch unvertraut, dann sind sie gefordert, aus der Bearbeitungssequenz das Typische und das darin enthaltene Überzeugende zu (re)konstruieren. Sie müssen also eine neue, überzeugende argumentative Sichtweise auf die Problemlösung konstruieren. Letzteres wird wohl nicht immer gelingen, geschweige denn sogleich in vollständiger Form (s. z.B. das obige Beispiel von Daniel, Slawa und Stanislaw). In diesem Fall ist dann das Lösen der Aufgabe alles gewesen.

Um „Lernen durch Partizipation" vielen Schülern zu ermöglichen, könnte Unterricht mit der wiederholten Initiierung von gleich strukturierten Interaktionsentwürfen die Chancen des Teilnehmens (und damit des Lernens) erhöhen. Der wesentliche Lernzugewinn, der sich auf neue Begriffe und Einsichten bezieht, muß aber nicht zwangsläufig eintreten. Eventuell wird nur eine Routinisierung der ATS-bestimmten Aufgabenlösung bewirkt.

3.2 Schülerkooperation als mögliche soziale Bedingung unterrichtlichen Lernens
(Natalie Naujok)

Im folgenden werden einige Untersuchungsergebnisse dargestellt, die die Kooperation zwischen Schülern bzw. Schülerinnen betreffen. Es handelt sich um Teile einer noch nicht abgeschlossenen Studie; das erlaubt auf besondere Weise Einblick in einen Forschungs*prozeß* aus dem Bereich der Interpretativen Unterrichtsforschung. Das Datenmaterial entstammt dem bereits erwähnten derzeit in Berlin laufenden DFG-Projekt „Rekonstruktion von ‚Formaten kollektiven Argumentierens' im Mathematikunterricht der Grundschule" (s. z.B. Brandt & Krummheuer 1998).

Auf problemträchtige Aspekte von Kooperation sind wir bereits bei der Analyse von empirischem Material aus der Karlsruher Vorstudie gestoßen (s. z.B. Vollmer & Krummheuer 1997 u. II:3.1). Dabei fiel auf, daß im Rahmen von Kooperation zwischen Schülerinnen und Schülern ziemlich häufig Störungen im Hinblick auf die Entfaltung von Gedanken zur jeweiligen Aufgabe(nlösung) stattfinden. Daß Partner- und Gruppenarbeit nicht per se fruchtbare Lernsituationen garantieren, ist kein ganz neuer Gedanke. Nicht zuletzt deshalb gibt es inzwischen einige Arbeiten zum Thema Kooperation, die u.a. zum Ziel haben, positive Bedingungen für kooperative Unterrichtsformen auszumachen (s. z.B. Dekker 1995 u. Röhr 1995). Weniger erforscht sind dagegen problematische Kooperationssituationen. Dem ist der erste Teil dieses Unterkapitels (3.2.1) gewidmet.

Der zweite Teil ist der näheren Erforschung von Schülerkooperation und Störungen im Unterricht und Zusammenhängen zu schulischem Lernen gewidmet. Es geht darin um Vorstellungen von Helfen, (gemeinsamem) Arbeiten und Lernen, die Schülerinnen und Schüler in Situationen der Wochenplanarbeit (s.u.) gemeinsam hervorbringen. Diese Vorstellungen bedingen ihr Agieren in unterrichtlichen Arbeitsprozessen und somit ihr schulisches Lernen. Was die beiden Teile verbindet, ist das übergeordnete Interesse an der Genese (von Elementen) einer Interaktionstheorie schulischen Lernens.

Eine nähere Beschreibung des Datenkorpus soll hier noch der Darstellung der Teilergebnisse vorausgehen:

Die Aufnahmen wurden in zwei verschiedenen Berliner Lerngruppen gemacht. Wir waren jeweils vierzehn Tage anwesend und haben in diesen Zeiträumen sämtliche Unterrichtsstunden aufgezeichnet. Die erste Phase lief im April/Mai 1996, die zweite ein Jahr später.

Die beiden Lerngruppen unterscheiden sich in folgendem Punkt wesentlich: bei der ersten handelt es sich um eine reguläre erste Klasse, bei der zweiten um eine jahrgangsübergreifende Lerngruppe, welche Schülerinnen und Schüler aus dem ersten, dem zweiten und dem dritten Schuljahrgang umfaßt. Diese an dem pädagogischen Modell Peter Petersens orientierte Lerngruppe heißt entsprechend „Stammgruppe" (s. z.B. Petersen 1980 u. Benner & Kemper 1991).

In einem anderen Punkt ist zwischen den Lerngruppen eine konzeptionelle Ähnlichkeit festzustellen: Das traditionelle vom Lehrer gelenkte Unterrichtsgespräch tritt in den Hintergrund. Die Schülerinnen und Schüler haben größere Entscheidungsfreiheiten und -pflichten bezüglich der von ihnen zu erledigenden Aufgaben; nicht jedes Kind muß zur gleichen Zeit dasselbe tun. In der Didaktik spricht man diesbezüglich von 'geöffnetem' Unterricht. Dabei wird in beiden Gruppen viel mit sogenannten Wochenplänen gearbeitet. Ein Wochenplan ist eine Liste mit Aufgaben, die jedes Kind zu Beginn der Woche erhält und die es im Verlauf der Woche eigenverantwortlich zu erledigen hat.

Sowohl in der ersten Klasse als auch in der Stammgruppe sitzen die Schülerinnen und Schüler an Sechser-Tischgruppen. (In der Stammgruppe sind diese Tischgruppen jahrgangsübergreifend zusammengestellt.) Während des Arbeitens wird fast immer geredet. Dabei variieren sowohl die Themen als auch die Art und Weise, in der sich die einzelnen Schülerinnen und Schüler beteiligen beträchtlich.[45] Unsere Aufzeichnungsgeräte waren u.a. auf diese Interaktionen gerichtet; aus ihnen setzt sich ein Großteil des Datenkorpus zusammen.

3.2.1 Hinderliche Kooperation in der Unterrichtspraxis und hilfreiche Störungen als theoretischer Anspruch[46]

Im Alltagsverständnis wird Kooperation in der Regel ungebrochen positiv belegt, während in Störungen ausschließlich Negatives zu liegen scheint. Bei der näheren Betrachtung von Aufzeichnungen aus dem Unterrichtsalltag bestätigt sich das allerdings keinesfalls so eindeutig. Kooperation kann durchaus hinderlich wirken, obwohl sie oft als besonders fruchtbar dargestellt wird. Dieser fruchtbare Moment soll in einer besonderen Art von Störungen liegen, die das Lernen anregen. Bei Piaget (1976) heißt es, das Individuum erfahre eine Perturbation, die das kognitive Gleichgewicht durcheinanderbringe. Aufgrund dieses Ungleichgewichts könne es zu einer Umstrukturie-

---

45 Eine Analyse von Partizipationsformen wird in dem DFG-Projekt geleistet. Für die vorläufigen Ergebnisse der diesbezüglichen Untersuchung s. Brandt & Krummheuer 1998.
46 Dieser Abschnitt ist an einen Vortrag gleichen Titels angelehnt: Vollmer 1997.

rung kognitiver Konzepte kommen; das Individuum akkommodiere dann sein Wissen. Das Aus-dem-Gleichgewicht-Bringen gilt als notwendige, wenn auch nicht als hinreichende Bedingung für Lernprozesse; d.h., eine Perturbation des kognitiven Gleichgewichts stellt einen potentiellen Lernanlaß dar. Da es zu solchen Perturbationen besonders in Situationen sozialer Interaktion kommen kann, setzen manche Lehrende auf Irritationen erhöhende Schülerkooperation. Die im Unterrichtsalltag auftretenden Störungen scheinen aber oft nicht in dem Sinne hilfreich zu sein, wie es als theoretischer Anspruch von einigen Vertretern kooperativer Arbeitsformen formuliert wird.

In der Unterrichtspraxis und in den Erziehungs- und Unterrichtswissenschaften findet man aber auch schon Brechungen bezüglich einer solchen positiven Globaleinschätzung. Kooperation beispielsweise wird häufig nur dann für gut befunden, wenn sie für effektiv gehalten wird, d.h., wenn fruchtbare Ergebnisse hervorgebracht werden. Und auch Störungen werden nicht immer nur als pathologisch angesehen oder als Regelverstöße betrachtet, sondern z.B. aus den Perspektiven der verschiedenen Beteiligten definiert und als Mitteilungen bezeichnet (s. z.B. Winkel 1980 u. Gebauer 1997).

Unsere Perspektive ist noch eine andere: Wir gehen davon aus, daß Kooperation und auch Störungen in der Interaktion gemeinsam hervorgebracht werden und als Bedingungen für schulisches Lernen gelten können. Wir möchten genauer untersuchen, wie die Schülerinnen und Schüler in ihren Interaktionen derartige Realitäten schaffen, und versuchen, diese zu beschreiben.

Bevor nun anhand von Transkripten illustriert wird, wie die Ideale von Kooperation und Helfen in der Realität hinderlich wirken können, soll noch kurz auf die beiden viel und recht unterschiedlich verwendeten Begriffe „Kooperation" und „Störung" eingegangen werden. Zwischen ihnen läßt sich ein weites Feld aufspannen. Mit „Schülerkooperation" ist im Rahmen der darzustellenden Arbeit im weitesten Sinne Schülerinteraktion in Arbeitsprozessen gemeint, so daß auch dann von Kooperationsphasen und -formen gesprochen wird, wenn z.B. im wesentlichen nebeneinanderher gearbeitet wird; der Begriff bezieht sich also nicht normativ auf eine bestimmte „ideale" Arbeitsform (für die sich die Übernahme des Begriffs „collaboration" aus der englischsprachigen Unterrichtsforschung anbieten würde). In vergleichbar offener und weiter Begriffsverwendung wird mit „Störung" weder auf unterrichtliche Disziplinprobleme noch auf Lernstörungen im psychologischen, biologischen oder psychiatrischen Sinne referiert; vielmehr wird „Störung" im Kontext von Interaktion und der Rolle, die ihnen – der Störung und der Interaktion – beim Lernen zukommt, gedacht.

Im folgenden werden zwei Unterrichtsausschnitte zur Realität hinderlicher Kooperation interpretiert und miteinander verglichen. Es handelt sich bei dieser Komparation um zwei Szenen, in denen dasselbe Schülerpaar interagiert. Sie entstammen dem Beginn und dem Ende einer Stunde in der oben beschriebenen ersten Klasse. Das Mädchen Franzi und der Junge Yussuf arbeiten an ihren Wochenplanaufgaben; die Wochenpläne der Schülerinnen und Schüler sind identisch.

Beide sind mit dem unten abgedruckten Mathematik-Aufgabenblatt beschäftigt, das ein Ausmalbild in Form eines Papageien zeigt. In jedem Bildfeld steht eine Subtraktionsaufgabe aus dem Zahlraum bis zehn. Unter dem Bild befindet sich eine Legende, auf deren linker Seite Zahlen in Form von Ziffern und auf deren rechter Seite Farbenamen geschrieben stehen. Die Schüler sollen jeweils eine Aufgabe rechnen, dann das Ergebnis in eine Farbe übersetzen und anschließend das zugehörige Bildfeld entsprechend ausmalen.

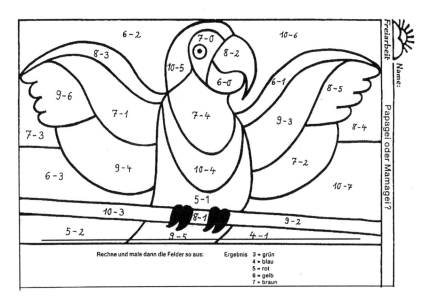

3.2.1.1 Bsp. 1: Erwünschte Hilfe - umfassende Antwort

Transkript[47]

1	*Yussuf legt seinen aufgeschlagenen Hefter auf seinen Tisch, an dem Franzi, stehend und*
2	*vornübergebeugt, dabei ist, auf einem Blatt Felder nach mathematischen Lösungen farbig*
3	*auszumalen (Papageienaufgabe). Yussuf holt seine Federtasche hervor, öffnet sie, setzt sich an seinen Platz und schaut*
4	*auf sein Blatt (Papageienaufgabe).*

---

47 Die Transkriptionsregeln sind im Anschluß an die Literatur abgedruckt. Der Zeilenumbruch stimmt nicht mit dem Original überein; die ursprüngliche Zeilennumerierung wird beibehalten.

5	Yussuf	jetz kommt daaa - ohh - (..) **sieben minus eins** \ ich hab **sieben** / *öffnet die fünf*
6		*Finger der linken Hand und Daumen und Zeigefinger der rechten* eins weg /
7		*krümmt den kleinen Finger der linken Hand ein; beide Hände zu sich gedreht, d.h.*
8		*Daumen nach außen, beginnt er von links nach rechts, den einzelnen Fingern*
9		*zunickend, erst flüsternd, bei sechs mit normaler Lautstärke* eins zwei drei vier
10		fünf **sechs** \ *blickt wieder auf das Blatt; mit finsterer Miene* m a a n e e y \ (...) man
11		was **steht** hier denn \ *blinzelt kurz zu Franzi hinüber* (..) k - *zu ihr*
12		*gewandt* weißte was **sechs** ist /
13		*Sie reagiert nicht, sondern malt konzentriert in ihrem Hefter. Er wartet mit den Fingern*
14		*trommelnd auf eine Antwort und schaut ihr bei ihrer Beschäftigung zu. Nach einigen Sekunden*
15		*schaut Franzi zu ihm, er lächelt sie an.*
16	Yussuf	guck ma bitte - (...) man ich hab den **Buchstaben** vergessen \ hier bei **sechs** den
17		**Buchstaben** \ **den** \ *zeigt auf die Stelle auf dem Blatt; sie beugt sich über die*
18		*gezeigte Stelle* die der sechs den vor -
19	Franzi	gelb
20	Yussuf	*strahlt* danke \

Interaktionsanalyse[48]

Allgemein läßt sich die Szene beschreiben als der Versuch eines Schülers, eine Aufgabe zu lösen. Yussuf spricht dabei zunächst eher vor sich hin, dann wendet er sich ausdrücklich an seine Tischnachbarin Franzi. Er muß allerdings mehrmals ansetzen, bevor sie ihm hilft.

Das Transkript läßt sich in drei Teile gliedern:

1. Phase: <1-4> Vorbereitung,
2. Phase: <5-10>   Aufgabenlösen (allein) und
3. Phase: <11-20> Helfen (um Hilfe bitten und helfen).

1. Phase: Yussuf richtet sich seinen Arbeitsplatz ein. Es sind nonverbale Tätigkeiten zur Vorbereitung der Arbeitsphase.

2. Phase: Yussuf arbeitet vor sich hinsprechend. Es ist nicht klar, ob er zu Beginn nur für sich oder für andere spricht. Mit *ooh* <5> inszeniert er Schwierigkeit, was ohne Reaktion von anderen bleibt. Schließlich formuliert er seine Aufgabe *sieben minus eins* \ <5> und beginnt, mit den Fingern zu rechnen. Er zählt die geöffneten Finger (auf eine im deutschen Kulturkreis

---

[48] Wenn im folgenden aus den Transkripten zitiert wird, so wird das Zitierte unter Beibehaltung aller sonstigen Markierungen stets kursiv gesetzt. In spitze Klammern gesetzte Zahlen verweisen auf Transkriptzeilen.

ungewöhnliche Weise) laut und den Fingern einzeln zunickend ab. Damit kommt er zu dem mathematisch richtigen Ergebnis *sechs* \ <10>.
3. Phase: Daraufhin sieht er wieder auf das Blatt, und sein Blick verfinstert sich. Er flucht und fragt *m a a n e e y* \ (...) *man was* **steht** *hier denn* \ <10f.>. Es scheint so, als habe Yussuf Schwierigkeiten, den Farbnamen für sein Ergebnis 6 zu erlesen.

Zwar spricht er niemanden explizit an, jedoch schaut er zu Franzi herüber und scheint (mindestens) Blickkontakt zu suchen.

Dann setzt er an *(..) k -* <11>. Seine Stimme bleibt in der Schwebe. Vermutlich versucht er das Anfangs-„g" von „gelb" zu lautieren, kommt aber nicht weiter. Dafür spricht, daß zwischen „k" und „g" eine bedeutende phonetische Ähnlichkeit besteht (einziger Unterschied: Stimmlosigkeit gegen Stimmhaftigkeit) und daß in der Legende neben der Ziffer 6 „gelb" steht. Dieser Lautierungsversuch stützt außerdem die Interpretation zu dem vorangehenden Teil seiner Äußerung.

Nun wendet Yussuf sich ausdrücklich an seine Nachbarin *weißte was* **sechs** *ist* / <11f.>. Er bittet Franzi um Hilfe. Hier läßt sich die Einleitung eines Handlungsschemas „Helfen" erkennen.

Franzi, steht im Transkript, *reagiert nicht, sondern malt konzentriert in ihrem Hefter.* Es könnte sein, daß sie Yussuf gar nicht wahrnimmt, vielleicht ignoriert sie ihn auch. Möglicherweise fühlt sie sich von ihm gestört - gestört im Sinne einer Ablenkung oder Unterbrechung. Yussuf trommelt mit den Fingern auf dem Tisch und schaut Franzi zu. Schließlich reagiert sie und sieht ihn an. Er scheint gleich einzuhaken, indem er lächelt und sie noch einmal anspricht <15f.>.

Zuerst bindet er sie ausdrücklich mit der Aufforderung bzw. mit der Bitte zu gucken. Dann formuliert er präzise *ich hab den Buchstaben vergessen* \ <16>. Diese genaue Explikation seines Problems stützt die vorangegangenen Interpretationen, z.B. bezüglich des Lautierungsversuchs *k-*.

Franzi erwidert in Zeile <19> *gelb*. Diese Antwort paßt allerdings weniger genau zu Yussufs zuletzt präzise formuliertem Problem als zu seinen ersten beiden Fragen *was* **steht** *hier denn* \ <11> und *weißte was* **sechs** *ist* / <12>. Das könnte darauf hinweisen, daß Franzi seine ersten Fragen zwar wahrgenommen, aber dennoch nicht reagiert hat, und läßt sich somit als Stützung der Annahme auslegen, daß sie sich bei ihrer Arbeit unterbrochen gefühlt hat und deshalb eventuell erst zu einem für sie günstigeren Zeitpunkt antwortet.

Passender zu Yussufs Problem mit dem Buchstaben wäre die Information gewesen, daß es sich um ein 'g' handelt. Dadurch daß Franzis Antwort ein entscheidendes Stück darüber hinausgeht, besteht für Yussuf nun nicht mehr die Möglichkeit und auch nicht die Notwendigkeit, das Wort selbständig zu erlesen.

Ferner läßt sich feststellen, daß die von Franzi gegebene vollständige Restinformation zur Erledigung dieses Aufgabenteils hier die Wirkung hat, daß keine weitere Frage gestellt wird.
Yussuf bedankt sich strahlend. Er ist offensichtlich sehr zufrieden mit Franzis Antwort. Damit endet diese Szene. Ob sein Strahlen nun erstens dem gelösten aufgabenspezifischen Problem, zweitens dem Erfolg, Franzis Aufmerksamkeit gewonnen zu haben, drittens allem beiden oder viertens noch etwas anderem gilt, ist an dieser Stelle ist nicht auszumachen. – Im weiteren Verlauf der Interaktion wird dann deutlich, daß er in erster Linie an Franzis Aufmerksamkeit interessiert zu sein scheint, z.b. wenn er ihr erzählt, daß seine Mutter ihm Adidas-Schuhe habe kaufen wollen.

Zusammenfassend läßt sich sagen, daß Kooperation und besonders das Einander-Helfen zwar als eine ideale Arbeitsform gelten; aber Hilfe kann auch mögliche Lernwege abschneiden. Wenn ein Kind sich gestört bzw. abgelenkt oder unterbrochen fühlt, hilft es womöglich ganz pragmatisch nur auf dem Wege, auf dem es am schnellsten wieder aus der Helferrolle aussteigen bzw. von dem anderen daraus entlassen werden kann. Sozusagen nach dem Motto, der andere müsse zwar in den Stand versetzt werden, seine Aufgabe zu erledigen; aber ob und was er dabei lernt, ist nebensächlich oder rückt als Kriterium eventuell gar nicht in den Blick des helfenden Kindes.

In dem zweiten Teil des Transkriptes, der die Interaktion zu einem späteren Zeitpunkt darstellt, wird das Spannungsverhältnis zwischen Kooperation bzw. Helfen und Störungen noch deutlicher. Sie wird nämlich explizit zum Thema gemacht.

3.2.1.2 Bsp. 2: Aufgedrängte Hilfe - abgewehrt

Transkript

201	Yussuf	(.) okay (.) f ü n f äh nein *schüttelt mit dem Kopf und lächelt*
202		minus *nimmt einen*
		Stift aus seiner Federtasche
203	Franzi	*ohne aufzuschauen* fünf minus wieviel /
204	Yussuf	sags nich \ (.) *zieht die Stirn kraus* nein ich will **selber r e c h n e n** *verdeckt mit*
205		*beiden Händen schnell seinen Hefter*
206	Franzi	ich sags dir
207	Yussuf	*klopft schnell mit einer Hand auf die andere* **n e i n** wenn du **nicht** sagst ist viel
208		besser *schaut sie an*
209 <	Franzi	*macht ihren Stift zu* fünf minus eins ist doch ganz e i n f a c h \
210 <	Yussuf	*vergräbt den Kopf in seine Arme* nein nein **n e i n**
211	Franzi	ist doch
212	Yussuf	schnell hintereinander sags nich sags nich sags nich (..) *schaut auf vier Finger seiner*
213		*rechten Hand; der Daumen ist abgeknickt* **vier** \
214	Franzi	j a a -
215	Yussuf	*(unverständlich) macht eine erfreute Geste zu Franzi*

Interaktionsanalyse

Der Schüler Yussuf arbeitet vor sich hinsprechend. In dieses Sprechen schaltet sich seine Tischnachbarin Franzi ein, was zunächst wie ein Versuch zu helfen anmutet. Yussuf möchte jedoch selber rechnen, so daß die Szene insgesamt eher als Situation der Bedrängnis denn als Situation der Hilfe zu beschreiben ist.

Das Transkript läßt sich in drei Teile gliedern:

1. Phase: <201-205> Gesprächsanfang und Interessenklärung
2. Phase: <206-212> Diskussion um den weiteren Verlauf der Interaktion und um Prinzipielles und
3. Phase: <212-215> Yussuf rechnet und Franzi bestätigt.

1. Phase: Yussuf beginnt einen Aufgabensatz zu sprechen <201>. Franzi greift das auf, spricht seinen Anfang nach und fordert Yussuf mit *fünf minus wieviel /* <203> dazu auf, seine Aufgabenformulierung zu komplettieren.

Yussuf reagiert darauf mit *sags nich * <204>. Er scheint zu befürchten, daß Franzi ihm das Ergebnis sagen könnte, sobald sie die Aufgabenstellung kennt. Er wehrt sich hier gegen die Möglichkeit von Franzis (Vor-)sagen und stellt damit klar, daß ihn das stören würde. Seine Abwehr deutet außerdem darauf hin, daß er sich schon zu diesem Zeitpunkt gestört fühlt. Dann ergänzt Yussuf seine Äußerung mit der Begründung, daß er selber rechnen wolle <204f.>.

2. Phase: Franzi erwidert, sie werde es ihm sagen <206>. Sie entspricht also nicht Yussufs Aufforderung, es nicht zu sagen, sondern kündigt das Gegenteil an. Das läßt sich als Provokation (unter dem Deckmantel der Hilfe) auslegen.

Yussuf scheint Franzis Verhalten hier nicht (mehr) als Hilfe aufzufassen. Seine Gestik deutet auf eine gewisse Anspannung hin. Er fährt fort, sich zu wehren und stützt seine Aussage nun noch zusätzlich mit einem wertenden Kommentar: *n e i n   wenn du nicht sagst ist viel besser* <207f.>. Wofür das Nicht-Sagen besser sein soll, bleibt implizit. Verknüpft man Yussufs Äußerungen miteinander, so ergibt sich folgendes:

– Franzi soll ihm nichts sagen, weil er selber rechnen möchte.
– Franzi soll ihm nichts sagen, weil es so besser sei.

Es ist nun möglich, einen Zusammenhang zwischen diesen beiden Aussagen zu (re-)konstruieren, und zwar auf zweierlei Weise:

1. Yussuf möchte selber rechnen.
   Deswegen ist es besser, wenn Franzi ihm nichts sagt.
2. Yussuf möchte es gut (besser) machen.
   Dazu muß er selber rechnen.

Deswegen soll Franzi ihm nichts sagen.[49]

Bezogen auf die erste Auslegung gilt sicher, daß Yussuf besser bzw. überhaupt nur selber rechnen kann, wenn Franzi ihm nichts vorsagt. Bezogen auf die zweite Auslegung ist aber darüber hinaus aber auch möglich, in Yussufs Äußerungen etwas wie verkürzte Regeln zu lesen, nämlich:

– Es ist besser, wenn man selber rechnet. Und:
– Man soll nicht vorsagen bzw. sich nichts vorsagen lassen.

Selber zu rechnen wäre somit das implizite übergeordnete Ziel.[50] In der Formulierung derartiger unterrichtsbezogener Verhaltenserwartungen kommen Vorstellungen über schulisches Arbeiten und Lernen zum Ausdruck, die im Abschnitt zu Alltagspsychologie und -pädagogik behandelt werden (II:2.2.2). Möglicherweise wurde so eine Idee auch schon zuvor einmal von der Lehrerin eingeführt.

Franzi nennt nun die komplette Aufgabe <209>. Möglicherweise hat sie sie vom Aufgabenblatt abgelesen. Für einen Augenblick steht damit noch einmal die Gefahr im Raum, daß sie das Ergebnis sagen könnte; sie fährt aber fort mit der Bemerkung, daß das *doch ganz e i n f a c h* \ sei <209>.

Yussuf fällt ihr mit dreimaligem Nein ins Wort <210>. Das kann als eine Fortsetzung seiner Gegenwehr gelesen werden, aber auch als direkte Verneinung von Franzis vorhergehender Aussage in dem Sinne, daß Yussuf die Aufgabe eben nicht einfach findet. Franzi setzt dann noch einmal an mit *ist doch* <211>. Deutend ergänzen ließe sich das zu einer Wiederholung ihrer vorherigen Äußerung oder zu dem Ergebnissatz für die Rechenaufgabe. Yussuf wehrt noch einmal ab <212>, was darauf hinweist, daß er hinter Franzis angefangener Äußerung die Gefahr einer Ergebnisnennung sieht.

3. Phase: Schließlich kommt Yussuf, mit den Fingern rechnend, auf das Ergebnis *vier* \ <213>. Franzi bestätigt diese Lösung <214> und die Szene endet damit, daß Yussuf sich erfreut zeigt <215>.

3.2.1.3 Vergleich der Interpretationen und Schlußbetrachtung

Helfen und das, was unter diesem Namen geschieht, ist sehr facettenreich. Daß hier nur hinderliche Aspekte zum Tragen kamen, liegt daran, das das Ausgangsinteresse störenden und behindernden Aspekten von Kooperation galt und deshalb auch als Auswahlkriterium für das empirische Material diente. Fassen wir noch einmal kurz zusammen, wie Kooperation hier hinderlich, wie Hilfe störend war:

---

49 In diesen Zeilen ist quasi eine Argumentationsanalyse formuliert.
50 Zu Autonomie als Ziel von Lernprozessen s. Bruner 1983, Markowitz 1986 und II:1.3.

- Yussuf unterbricht (stört) Franzi mit der Bitte um Information (Hilfe) bei der Arbeit. Sie läßt sich aber nicht ablenken, sondern reagiert erst, als es ihr paßt. (Bsp. 1)
- Franzi hilft dann mehr als nötig und hindert (stört) Yussuf dadurch, sich selbst etwas zu erarbeiten. (Bsp. 1)
- Franzi „zweckentfremdet" das Helfen als Mittel zur Provokation. Ihr „Sagen" wird als lediglich vermeintliches Helfen abgewehrt, indem Yussuf das „Nicht-Sagen" dem „Sagen" gegenüber als vorteilhaft darstellt. (Bsp. 2)

Bezüglich eines gegenseitigen Behinderns im Rahmen kooperativer Interaktion lassen sich mit den Analysen des vorliegenden Materials einige kontraproduktive Aspekte von Helfen bzw. von Situationen des Helfens feststellen:

1. Das Äußern eines Hilfswunsches kann den potentiellen Helfer stören.
2. Zuviel-Helfen kann Möglichkeiten des eigenständigen Lernens beeinträchtigen.
3. Hilfe-Aufdrängen kann eigenständiges Lernen behindern.

Zu (1): Das Äußern eines Hilfswunsches ist auf natürlicherweise unterschiedliche Interessen und zeitliche Verlaufsstrukturen des Arbeitens der Partner zurückzuführen. Solche Unterschiede sind ein Grund dafür, daß störungsfreie Interaktion u.E. eine Illusion ist.

Zu (2): Das Zuviel-Helfen ist ein Helfen, das nicht an einem langfristigen „Lernziel" orientiert ist, sondern nur zu kurzfristigen Zielen führt, nämlich für den Hilfe-Erhaltenden zur Ermöglichung der Aufgabenerledigung und für den Helfenden dazu, die Hilfssituation zeitlich kurz zu halten. Wir nennen diese Art des Helfens in Anlehnung an Goos et al. (1996) *pragmatisches Helfen*.

Zu (3): Das Aufdrängen von Hilfe, das man überspitzt auch als Hilfeterror bezeichnen könnte, läßt sich in dem diskutierten Beispiel auf der Beziehungsebene als eine spielerische Provokation bzw. als ein spielerisches Kräftemessen unter dem Deckmantel des Helfens betrachten. Es scheint mehr sozial als fachlich motiviert zu sein.

Mit diesen ersten Erkenntnissen ist zunächst ein differenzierterer Blick auf die Kooperationsform des Helfens gewonnen. Für das weite Feld von Kooperation und Störungen deutet sich hiermit an, daß das, was störend genannt werden kann, kontextspezifisch bestimmt werden muß. Möglicherweise lassen sich Kooperations*formen* unterscheiden, die als Rahmen zur Beschreibung dessen dienen können, was unter Störung verstanden werden kann. Von daher ergibt sich als Untersuchungsperspektive, zunächst verschiedene Kooperationsformen zu (re-)konstruieren und zu typisieren (vgl. Bohnsack 1993), um dann mit Bezug darauf zu versuchen, den Störungsbegriff für eine Interaktionstheorie schulischen Lernens genauer auszuarbeiten. Als Kooperationsformen könnten neben dem Helfen etwa Situationen

- des gemeinsamen Problemlösens,
- des gemeinsamen Aufgabenteilens (vgl. Vollmer & Krummheuer 1997) und
- des ein- oder wechselseitigen Erklärens

zum Tragen kommen (sofern letzteres nicht als eine Form des Helfens betrachtet wird).

Denkbar ist, daß im Verlauf der Analyse von Unterrichtsaufzeichnungen quer zu solchen Differenzierungen auch welche wie etwa nach dem Grad der interaktiven Symmetrie hervorgebracht werden.

Neben dem Handlungskontext ist es wesentlich, die Perspektive, aus der heraus etwas als Störung gilt oder gelten soll, deutlich herauszustreichen. Das dürfte aus der exemplarischen Datenanalyse bereits hervorgegangen sein: Beide, der Hilfe-Suchende und der Helfende, können sowohl den anderen stören als auch von ihm gestört werden.

Ein differenzierteres Bild kann auch im Zusammenhang mit dem Ermöglichen von fachlichem Lernen gezeichnet werden. Bezüglich der beiden illustrierten Unterrichtsszenen darf angezweifelt werden, ob fachlich voneinander gelernt wurde.

Hinweise darauf, wie Prozesse des Helfens gestaltet werden können, gibt die Rekonstruktion alltagspädagogischer Vorstellungen von Schülerinnen und Schülern im folgenden Unterabschnitt.

3.2.2 Rekonstruktion alltagspädagogischer Vorstellungen aus Schülerkooperation[51]

Schülerinnen und Schüler kooperieren auf unterschiedliche Weisen. Das läßt sich u.a. darauf zurückführen, daß sie bestimmte Vorstellungen davon haben, was in unterrichtlichen Arbeitsphasen angemessen und günstig bzw. erlaubt und erwünscht ist, und daß sie ihr Handeln an eben diesen Vorstellungen orientieren. Solche Vorstellungen sind Teil der Vorstellungen, die Menschen vom Funktionieren anderer Menschen insgesamt haben und die Bruner (1990, 1996 u.a.) als *folk psychology* bezeichnet - zu Deutsch: *Alltagspsychologie*. Alltagspsychologische Vorstellungen schreibt Bruner zum einen Individuen zu, z.B. Lehrern, Müttern und Babysittern (1996, 46); zum anderen hat nach seiner Darstellung auch jede Kultur Alltagspsychologien (Bruner 1990, 35) im Sinne eines allgemein verbreiteten bzw. nach Luckmann eines allgemeinen Wissens (s. Luckmann 1981, 93). Bricht man den Kulturbegriff auf verschiedene Subkulturen herunter, so gibt es auch schulklassenspe-

---

[51] In ähnlicher Weise wurden diese Untersuchungen auf der 7. Jahrestagung Grundschulpädagogik 1998 in Hildesheim vorgetragen und werden in Anlehnung daran veröffentlicht (Naujok 1999).

zifisch ausgehandelte Alltagspsychologien. Diese können dann gleichzeitig als Basis und als Ausdruck von gemeinsam ausgehandelter Klassenzimmerkultur betrachtet werden (s.a. Beck 1995).

Für die Vorstellungen, die Menschen in bezug auf *Lernen* und *Lehren* haben, führt Bruner (1990) den Begriff *folk pedagogy*, also *Alltagspädagogik*, ein. Er beschreibt die Parallele zur Alltagspsychologie folgendermaßen:

Just as we are steered in ordinary interaction by our folk psychology, so we are steered in the activity of helping children learn about the world by notions of folk pedagogy. (Bruner 1996, 46)

So wie wir in gewöhnlicher Interaktion von unserer Alltagspsychologie geleitet werden, so werden wir bei der Aktivität, Kindern beim Lernen über die Welt zu helfen, von alltagspädagogischen Vorstellungen geleitet.

Aber nicht erst Erwachsene bzw. Lehrerinnen und Lehrer, sondern auch Kinder oder Schülerinnen und Schüler haben schon derartige Vorstellungen (Olson & Bruner 1996, 20). Im Hinblick darauf ist unser wesentliches Forschungsergebnis, daß die Alltagspädagogik der Schülerinnen und Schüler als eine soziale Bedingung zur Ermöglichung ihrer eigenen Lernprozesse fungiert.

Insgesamt bleiben derartige Vorstellungen der Schülerinnen und Schüler meist implizit. Sie lassen sich jedoch aus den Interaktionen rekonstruieren. Im folgenden werden drei Beispiele für die Rekonstruktion von Alltagspädagogik aus Schülerinteraktion gegeben, und zwar anhand von Unterrichtsausschnitten, in denen Schülerinnen und Schüler sich *explizit* dazu äußern.

3.2.2.1 Bsp. 1: Abgucken und Können

Transkript

265	Franzi	*zu Daria* kann ich dei kann ich deinen haben *schaut in Darias Ordner, Yussuf*
266		*beobachtet sie* darf ich bitte dein Blatt haben
267	Yussuf	*vor sich hin mit verärgerter Miene* Mann - ich nehm **braun**
268	Franzi	kann ich deinen **Ordner** haben (..) zum Abgucken /
269	Yussuf	braun oder b l a u \
270	Nicole	*zu Franzi* ich sags Frau Fege daß du abguckst \
271	Franzi	*grinsend* sags ihr doch \ *geht um den Tisch herum auf Nicole*
272		*zu*
273	Nicole	sag ich \
274	Franzi	na sag doch ruhig (.) wenn du was **lügen willst**
275	Nicole	ja aber **wenn** du abguckst \
276	Franzi	*geht wieder zu ihrem Platz* Yussuf du Struwwelhaar *strubbelt ihm über die Haare*
277		*und lacht*
278		*Yussuf faßt sich an den Kopf, steht auf, um etwas zu machen, setzt sich dann aber wieder*
279		*etwas verlegen, ordnet sich mit einer Handbewegung die Haare. Franzi geht vom*

		Tisch weg.
280	Nicole	*sieht wie die L zur Klassentür hereinkommt* Frau F e g e /
281	L	so \ wer möchte kann **arbeiten** oder auch ein wenig **frühstücken** -
282	Nicole	*meldet sich kurz, L geht auf Nicole zu* Frau Fege / weißt du was was Franzi
283		**wollte** / bei ihr *zeigt auf Daria* abgucken \ **wollte**
284	L	das darf er doch \ das darf er doch \ *geht wieder weg*
285	Yussuf	*über seiner Rechenaufgabe* Mann ey \
286		*Daria steht vom Tisch auf und geht Franzi entgegen, die gerade wieder an den Tisch gehen will.*
287		*Sie sagt Franzi leise etwas und geht dann ihrerseits wieder auf ihren Platz.*
288	Franzi	*ist mit einer Rechenmaschine zum Tisch zurückgekehrt* ach - jetzt rechne ich erst
289		mal \
290	Nicole	zu Franzi du **darfst** abgucken \
291	Franzi	j a h a \ (.) u n d /
292	Nicole	(..) aber wenn du **abguckst kannste dis nicht** \

Interaktionsanalyse

Das Gespräch zwischen Franzi und Nicole aus der Klasse 1 wird im Kontext einer Wochenplanarbeitsphase an einem Gruppentisch geführt. Franzi ist mit einem Mathematikarbeitsbogen beschäftigt. Sie wendet sich an Daria und fragt, ob sie deren Unterlagen zum Abgucken haben dürfe <265f., 268>. Dabei scheint sie das Abgucken nicht als eine Tätigkeit einzuschätzen, die man verbergen oder derer man sich schämen müsse; vielmehr scheint sie es als ein Argument dafür anzuführen, Daria zum Verleihen ihres Ordners zu bewegen.

Daraufhin wendet sich Nicole an Franzi und kündigt an, sie werde es der Lehrerin sagen, daß bzw. wenn Franzi abgucke <270, 273, 275>. Sie scheint es als wichtig einzuschätzen, daß die Lehrerin darüber informiert wird. Nicoles Äußerung könnte auf die Möglichkeit hindeuten, daß Abgucken eine von der Lehrerin nicht gern gesehene Tätigkeit ist. Vielleicht deutet sie Franzis Äußerung auch als Versuch, sich einen Vorteil beim Erfüllen der Anforderungen zu verschaffen – das würde implizieren, daß sie die Situation als Konkurrenzkampf definiert. Umgangssprachlich formuliert, droht Nicole damit zu petzen.

Die beiden Schülerinnen streiten sich, tauschen aber keine Argumente über das Für und Wider des Abguckens aus. Dann geht Franzi vom Tisch weg <279>. Als die Lehrerin den Raum betritt, ruft Nicole diese <280, 282> und petzt Franzis Absicht abzugucken <282f.>.

Die Erwiderung der Lehrerin wirkt nicht sehr konzentriert <284>. Sie läßt sich dahingehend deuten, als habe sie nicht ausnahmslos etwas dagegen, daß abgeguckt wird. Eventuell hält die Lehrerin Abgucken unter bestimmten Umständen für eine mögliche und akzeptable Art des Lernens.

Mit einer Rechenkette an den Tisch zurückgekehrt, sagt Franzi dann, daß sie jetzt erst einmal rechne <288f.>. Nicole klärt Franzi darüber auf, daß sie abgucken dürfe <290>. Die Betonung auf *darfst* kann als Eingeständnis eines

Irrtums gedeutet werden. Franzi weist sie daraufhin mit einem betonten und gedehnten *j a h a* \ *(.) u n d* / ab <291>. Sie scheint genervt zu sein. Nach einer kurzen Pause folgt Nicoles Erwiderung *(..) aber wenn du abguckst kannste dis nicht* \ <292>. Hier äußert Nicole erstmals etwas über die Tätigkeit des Abguckens als solche. Das läßt sich mindestens auf die zwei folgenden Weisen deuten:

1. Sie scheint Abgucken als ein Zeichen dafür zu interpretieren, daß jemand etwas nicht kann. Wer abguckt, zeigt demzufolge, daß er etwas nicht kann. In dieser Deutung hätte die Äußerung deskriptiven Charakter.
2 Möglicherweise ist das grammatische Präsens in dieser Äußerung aber auch mehr zukunftsgerichtet. Es könnte darin eine Vorstellung über Lernprozesse zum Ausdruck kommen, die beinhaltet, daß beim Abgukken nicht gelernt wird. Bei dieser Interpretation hätte die Äußerung einen prospektiven bzw. normativen Charakter.

Bei einer Komparation mit anderen ähnlichen Situationen zeigt sich, daß normative alltagspädagogische Vorstellungen wesentlich eindeutiger zum Ausdruck kommen können.

3.2.2.2 Bsp. 2: Abgucken und Schlau-Werden

Transkript

2	Lars	**ey** \ **guck** ma Sandra \ kann man aller **Ergebnisse** abgucken\
3	Sandra	ööh / dis is ja von e (.) **geil** -
4	Lars	**guck** ma Adi \ kamman **abgucken** \
5	11:44	
6	Adi	öh / *lachend* he
7 <	Lars	aber **mach** ich nich \
8 <	Sandra	*zu Ayla* geh ma **weg** bitte \ **rutsch** ma bitte n bischen \
9 <	Lars	ey\ ey **Sandra** \ **mach** ich nich \ dann
10		wöad mann nich **schlau** \

Interaktionsanalyse

Sandra, Lars und Adi sind Schüler der jahrgangsübergreifenden Lerngruppe und alle drei im zweiten Schuljahr. Sie arbeiten an Mathematikaufgaben. Lars entdeckt, daß ihnen die Ergebnisse zugänglich sind und erzählt das Sandra <1>. Die Schüler, auch Adi, wirken überrascht und leicht erregt. Dann verkündet Lars, daß er aber nicht abgucke, weil man dann nicht schlau werde <7, 9f.>.

Er verbindet eine Aussage über das Abgucken explizit mit einer Aussage über das Lernen oder, wie er es nennt „Schlau-Werden". Für ihn besteht beim Abgucken keine Möglichkeit zu lernen. Diese alltagspädagogische Vorstellung leitet sein Handeln. Er formuliert prospektiv und normativ, daß er sich hinsichtlich des Abguckens nicht lernhinderlich verhalten werde. Hierin ist eine Art Regel enthalten: Man soll nicht abgucken. Und die Begründung lautet: weil man dann nicht lernt.

Als dem Abgucken ähnlich kann das Sich-etwas-vorsagen-Lassen betrachtet werden. Auch hierbei „übernimmt" einer das Wissen eines anderen, ohne es sich selbst zu erarbeiten bzw. zu konstruieren.

3.2.2.3 Bsp. 3: Sagen und Selber-Rechnen

Um dieses Thema ging es auch in dem zweiten Beispiel des Abschnitts zur hinderlichen Kooperation (II:3.2.1). Die Szene soll hier noch einmal zusammenfassend analysiert werden:
 Franzi und Yussuf arbeiten an demselben Gruppentisch. Yussuf beginnt vernehmbar zu rechnen <201>, was Franzi aufgreift <203>. Yussuf aber wehrt ab mit den Worten *sags nich* \ und *nein ich will **selber r e c h n e n*** <204>. Dann führt er das genauer aus und stützt seine Aussage mit einem Kommentar: ***n e i n*** *wenn du **nicht** sagst ist viel besser* <207f.>.
 Diese Äußerung läßt sich vergleichen mit der obigen von Nicole: *(..) aber wenn du **abguckst** kannste dis nicht* \ <292>.
 Yussufs Äußerung ist wie Nicoles als die Formulierung einer Art Regel interpretierbar. In Yussufs Fall würde diese Regel lauten: Man soll nicht vorsagen. Nun könnte man versuchen, auch bei Yussufs Äußerung einen Zusammenhang zwischen Sagen und Lernen zu rekonstruieren bzw. zu konstruieren, indem man das „Besser-Sein" auf Vorstellungen von Lernprozessen bezieht. Diese Vorstellung könnte dann, als Regel formuliert, lauten: Es ist besser, sich nichts vorsagen zu lassen und selber zu rechnen, weil man so besser lernen kann.

3.2.2.4 Schlußbetrachtung

Anhand der Komparation der drei interpretierten Beipiele von Schülerinteraktion im Rahmen von Wochenplanarbeit können alltagspädagogische Vorstellungen von Schülern und deren Aushandlung rekonstruiert werden. Schüler äußern sich hier dazu, wie man sich verhalten soll, damit man „es kann", damit man „schlau wird", damit „es besser ist". Im Vergleich der Interpretationen wird außerdem deutlich, daß und wie diese alltagspädagogischen Vorstellungen es ihnen ermöglichen können, über die Gestaltung ihrer Arbeits- und Kooperationsprozesse lernproduktiv zu handeln (Bruner 1996, 64).

 Man kann davon ausgehen, daß die handlungsleitenden Vorstellungen der Schülerinnen und Schüler von Aushandlungen mit den jeweiligen Lehrerinnen geprägt sind (in dem Datenmaterial gibt es auch entsprechende Szenen). Das bedeutet, eine wichtige Möglichkeit, um als Lehrende Einfluß auf die Lernprozesse der Schülerinnen und Schüler zu nehmen, besteht über deren Vorstellungen vom Lernen und Lehren (vgl. Bruner 1996, 63).

4. Forschung als Experiment
(Götz Krummheuer)

Nach der Präsentation einer theoretischen und methodologischen Orientierung auf das Forschungsfeld der Interpretativen Unterrichtsforschung im 1. Kapitel ist in den darauffolgenden Abschnitten über insgesamt fünf verschiedene Projekte berichtet worden, die alle dem interpretativen Paradigma folgen. Die Auswahl ist u.a. so getroffen worden, daß ein möglichst breites Anwendungsspektrum dieses Paradigmas deutlich wurde.

Die Arbeit von Mehan ist eine Studie zur sozialen Konstitution des Unterrichtsalltags. Mit Hilfe von Videoaufnahmen werden interaktive Strukturierungen alltäglicher Unterrichtsprozesse rekonstruiert. Das Interesse liegt dabei einerseits auf der Klärung des strukturellen Unterschieds zwischen alltäglicher außerschulischer Konversation und unterrichtlichem Diskursverlauf; andererseits werden häufig rekonstruierbare Muster der Unterrichtsinteraktion identifiziert. Die Studie ist mikroethnographisch angelegt und an grundlegenden Strukturierungen der Unterrichtsinteraktion interessiert. Didaktische und/oder lerntheoretische Beurteilungen werden nicht vorgenommen.

In dem Projekt von Cobb, Yackel und Wood dagegen ist ein didaktisches Innovationsinteresse der Ausgangspunkt: Ein den Vorstellungen des Radikalen Konstruktivismus folgendes Unterrichtskonzept des Problemlösens wird unter sonst alltäglichen Unterrichtsbedingungen zu verwirklichen versucht. Im Zusammenhang mit dieser Implikation treten Schwierigkeiten auf, die die Autoren anhand von videodokumentierten Unterrichtsepisoden eingehender analysieren. Im Laufe ihrer Projektzeit gelangen sie zu der Ansicht, daß eine grundlegende Theorierevision und Theorieentwicklung notwendig sind. Sie stellen diese als einen zweischrittigen Prozeß dar, der letztlich zu einer komplementären Konfiguration psychologischer und soziologischer Begriffe führt. Im Zuge dieser Theorieentwicklung verändern sich auch die methodologischen Anforderungen an die Analyse: Waren die anfänglichen Verfahren noch stark von der klinischen Methode aus der Piaget-Tradition geprägt, so wurden schließlich auch interaktionsanalytische Verfahren aufgegriffen und eingesetzt.

Beck und Scholz sind an relativ langfristigen Prozessen unterrichtlicher Institutionalisierung interessiert: Sie untersuchen den Unterricht einer Klasse über die gesamten vier Jahre der Grundschulzeit. Ihre Untersuchung widmet sich verschiedenen Aspekten des Unterrichtsalltags. Dabei gilt ihr besonderes Interesse, Lehrerinnen und Lehrer bei der Verbesserung ihrer Beobachtungs- und Selbstbeobachtungskompetenzen zu unterstützen, welche sie als Grundlage für eine bessere Analyse eigenen Unterrichts betrachten. Die Habitualisierung und Routinisierung des Unterrichtshandelns führe dazu, daß die einzelne Lehrperson sich ihrer handlungsleitenden (theoretischen) Kenntnisse von Unterricht zunehmend weniger bewußt würde. Gezieltes Beobachten könne zu einem Wiedererkennen dieses impliziten Handlungswissens führen, das hierdurch wiederum gezielt modifiziert werden könne. Die verwendeten und vorgestellten Analyseverfahren sollen somit gleichsam einem pädagogischen Anspruch genügen, nämlich den praktizierenden Leser zur Verbesserung seiner eigenen Beobachtungskompetenzen zu führen. Hierzu greifen die beiden Autoren bei ihren methodologischen Betrachtungen auf die pädagogische Kasuistik zurück.

Die Arbeiten von Krummheuer und Naujok basieren auf den gleichen konversationsanalytischen, ethnomethodologischen Analyseverfahren. In mikroethnographischer Weise werden Interaktionssequenzen aus regulärem Grundschulunterricht untersucht, der zuvor mit Hilfe von Videoaufzeichnungen dokumentiert wird. Krummheuer untersucht, wie im institutionellen Rahmen von Schule in kollektiven Argumentationsprozessen Bedingungen für fachbezogenes Lernen erzeugt werden. Er rekonstruiert, daß sich Argumentieren im frühen Grundschulunterricht in narrativ geprägte Bearbeitungs- und Darstellungsweisen „auflöst". Es ist die Einhaltung und Demonstration der Sequentialität der Bearbeitungsschritte zur Lösung eines Problems, über die sich die Vernünftigkeit des Vorgehens und die Richtigkeit der erarbeiteten Lösung ergeben bzw. von den Anwesenden erschlossen werden können. Naujok untersucht in ihrer Studie die Vorstellungen, die Schülerinnen und Schüler in bezug auf Lernen im Unterricht entwickeln und interaktiv aushandeln. Diese alltagspsychologischen und -pädagogischen Vorstellungen rekonstruiert sie empirisch anhand von Szenen, in denen die Schulkinder auf verschiedene Weisen kooperieren. Dabei kommt sie zu dem Ergebnis, daß Schülerinnen und Schüler sich so selber Lernbedingungen schaffen. Die Ergebnisse aus beiden Projekten werden als Elemente einer soziologischen Lerntheorie schulischen Lernens betrachtet und entsprechend gewertet.

Blickt man auf diese fünf empirischen Studien als Ganzes, so eröffnet sich dem Leser ein theoretisch vielseitiger, komplexer und teilweise wohl auch inhomogener Zugang zum Unterrichtsgeschehen. Bei der Auswahl dieser Beispiele ist einerseits zwar mit Bedacht ein weites Spektrum Interpretativer Unterrichtsforschung zu berücksichtigen versucht worden. Andererseits ist die Farbigkeit im Sinne einer Verwendung unterschiedlicher theoretischer Ansätze und methodischer Vorgehensweisen aber auch ein Charakteristikum interpretativen Forschens. Dieses Forschungsparadigma hängt nicht den universalistischen Bestrebungen des Descartes'schen Rationalismus nach. Der Verzicht auf den „großen Wurf" nach einer alles erklärenden (Unterrichts-) Theorie wird als eine positive Entwicklung hin zu einer kontextbezogenen bzw. praxiserfahrenen Forschung gesehen:

es geht und ging um einen konstruktiven, emotional und positiv besetzten Abschied von den ‚großen Entwürfen', um ein Ende also, das gefeiert werden darf und kann (Fischer 1993, 9).

Toulmin (1994) beschreibt die Berücksichtigung situationsbezogener Konstituenten als die „Kontextualisierung" (s.o. I:1.2) von Theorien. Diese sei notwendig, da das Programm des auf Descartes gründenden Rationalismus mit seinem Ziel der Dekontextualisierung von Theorien, also dem bewußten Verzicht auf Erfahrung, subjektiv gefärbte Voreinstellungen und theoretisches Vorwissen, uns in eine erkenntnistheoretische „Sackgasse" geführt habe (ebd., S. 68; s.a. Fischer 1993, S. 11f.). Feyerabend (1992) spricht hier vom „Nachteil der Abstraktion" und vom „Recht des Besonderen" (S. 183). Unterrichtstheorien, die unter dem Anspruch einer möglichst universellen Gültigkeit weitgehend vom Unterrichtsalltag und seiner Kontextualität zu abstrahieren versuchen, ihn als unwesentlich und die Repräsentativität verzerrend einstufen, mögen bestenfalls zu „‚klaren und deutlichen' Begriffen" (Toulmin 1994, 318) führen, sie reichen aber nicht aus für die Anleitung von professionellem Lehrerhandeln, zur Lehrerausbildung oder zur Einleitung von Unterrichtsinnovationen.

Der Verzicht auf dekontextuelle Theorien ist nicht gleichzusetzen mit dem Verzicht auf Wissenschaftlichkeit. Durch ihn wird vielmehr das Hauptgewicht empirischer Forschung auf die Entwicklung von empirisch gehaltvollen Theorien mit „mittlerer Reichweite" (Kelle 1994, Merton 1968) gelegt. Hierbei erfolgen Theorie- und Methoden- bzw. Analysenentwicklung gegenstandsbezogen. So wird eine Vielzahl konkurrierender und/oder sich ergänzender Erklärungsversuche zu Aspekten des Unterrichts entstehen.

Es ist eine empirische Frage, wie nützlich interessierte Mitglieder unserer Gesellschaft die jeweiligen Theorien finden. Ausreichende Globalität ist bei derartiger Theoriekonstruktion erreicht, wenn sie für eine Vielzahl von Menschen, die sich dieser Theorie mit unterschiedlichsten Interessen zuwenden, eine überzeugende Argumentation darstellt. Dabei kann es sich um Grundschullehrer, Mathematiklehrer, Eltern, Pädagogen, empirische Sozialwissenschaftler, Erziehungswissenschaftler usw. handeln.

Interpretative Unterrichtsforschung ist in diesem Sinne *selbst* ein Experiment und verwendet nicht nur im methodologischen Sinne quantitativer Unterrichtsforschung das Experiment zur Absicherung eines Geltungsanpruchs. Dies führt zu einem erprobenden und suchenden Umgang mit den zuhandenen Theorien und Methoden. Unterrichtsforscher werden somit nachdenklich sein hinsichtlich der von ihnen verwendeten Sprachspiele zur Beschreibung von Unterricht, die impliziten Konnotationen ihrer Beschreibungssysteme sorgsam bedenken und sich bei ihrer Arbeit häufiger die prinzipiellen Schranken menschlicher Erkenntnisgewinnung vergegenwärtigen.

Wir brauchen nachdenkliche Wissenschaftler [...], die zwei eng verwandte Künste beherrschen: das Allgemeine zu gestalten, indem man es an das Besondere bindet; und das Besondere in allgemeinen Begriffen zu erklären [...] (Feyerabend 1992, 207)

Literatur

Ackermann, H. & Rosenbusch, H. S. (1995): Qualitative Forschung in der Schulpädagogik. In: König, E. & Zedler, P. (Hrsg.): Bilanz qualitativer Forschung. Weinheim: Deutscher Studien Verlag.
Altrichter, H. & Posch, P. (1994): Lehrer erforschen ihren Unterricht. Eine Einführung in die Methoden der Aktionsforschung. Bad Heilbrunn: Julius Klinkhardt; 2. Aufl.
Bauersfeld, H. et al. (1982): Transkripte aus Mathematikunterricht und Kleingruppenarbeit. Bielefeld: IDM der Universität Bielefeld.
Bauersfeld, H. et al. (1986, unveröff.): Interaktionsanalyse von Mathematikunterricht. Methodologische Annahmen und methodisches Vorgehen. Bielefeld: Papier anläßlich der Bundestagung der Gesellschaft für Didaktik der Mathematik im März 1986 in Bielefeld.
Beck, C. & Maier, H. (1994): Zu Methoden der Textinterpretation in der empirischen mathematikdidaktischen Forschung. In: Maier, H. & Voigt, J. (Hrsg.): Untersuchungen zum Mathematikunterricht. Köln: Aulis.
Beck, G. & Scholz, G. (1995): Beobachten im Schulalltag. Ein Studien- und Praxisbuch. Frankfurt a. M.: Cornelson Scriptor.
Benner, D. & Kemper, H. (1991): Einleitung zur Neuherausgabe des Kleinen Jena-Plans. Weinheim und Basel: Beltz.
Berg, E. & Fuchs, M. (1993, Hrsg.): Kultur, soziale Praxis, Text. Frankfurt a. M.: Suhrkamp.
Blumer, H. (1954): What is wrong with social theory? In: American Sociological Review: 3-10.
Bohnsack, R. (1993): Rekonstruktive Sozialforschung. Einführung in Methodologie und Praxis qualitativer Sozialforschung. Opladen: Leske + Budrich; 2. Auflage. (3., erw. Aufl. 1999).
Boueke, D. & Schülein, F. (1991): Kindliches Erzählen als Realisierung eines narrativen Schemas. In: Ewers, H.-H. (Hrsg.): Kindliches Erzählen, Erzählen für Kinder. Weinheim: Beltz.
Brandt, B. & Krummheuer, G. (1998): Zwischenbericht DFG-Projekt Rekonstruktion von „Formaten kollektiven Argumentierens" im Mathematikunterricht der Grundschule. Unveröffentlichtes Papier am Institut für Grundschulpädagogik des Fachbereichs Erziehungswissenschaft und Psychologie der Freien Universität Berlin, Habelschwerdter Allee 45, 14195 Berlin; interessierte Leser können bei den Autoren ein Exemplar anfordern.
Brandt, B. & Krummheuer, G. (erscheint demnächst): Die komparative Analyse als methodisches Prinzip interpretativer Unterrichtsforschung. JMD.
Bruner, J. (1983): Child´s Talk. Learning to Use Language. Oxford: Oxford University Press.

Bruner, J. (1986): Actual minds, possible worlds. Cambridge, MA/London, UK: Harvard University Press.
Bruner, J. (1990): Acts of Meaning. Cambridge, MA/London, UK: Harvard University Press.
Bruner, J. S. (1996): The Culture of Education. Cambridge, MA/London, UK: Harvard University Press.
Cobb et al. (1993a): Introduction: Background of the research. In: Wood, T. et al. (Hrsg.): Rethinking elementary school mathematics: Insights and issues. Reston, Virginia: The national council of teachers of mathematics.
Cobb et al. (1993b): Theoretical orientation. In: Wood, T. et al. (Hrsg.): Rethinking elementary school mathematics: Insights and issues. Reston, Virginia: The national council of teachers of mathematics.
Cobb, P. & Bauersfeld, H. (1995): Introduction: The coordination of psychological and sociological perspectives in mathematics education. In: Cobb, P. & Bauersfeld, H. (Hrsg.): The emergence of mathematical meaning. Interaction in classroom cultures. Hillsdale, NJ.: Lawrence Erlbaum.
Collmar, N. (1996): Die Lehrkunst des Erzählens: Expression und Imagination. In: Fauser, P. & Madelung, E. (Hrsg.): Vorstellungen bilden. Beiträge zum imaginativen Lernen. Seelze: Velber, Friedrich.
Dekker, R. (1995): Learning mathematics in small heterogeneous groups. In: L'educazione Matematica XVI – Serie IV – Vol. 2 n.1 – Febbraio 1995: 9-19.
Eberle, T. S. (1997): Ethnomethodologische Konversationsanalyse. In: Hitzler, R. & Honer, A. (Hrsg.): Sozialwissenschaftliche Hermeneutik. Opladen, Leske + Budrich.
Edwards, D. (1997): Discourse and Cognition. London u.a.: Sage Publications.
Ehlich, K. (1980): Der Alltag des Erzählens. In: Ehlich, K. (Hrsg.): Erzählen im Alltag. Frankfurt a. M.: Suhrkamp.
Erickson, F. (1982): Classroom Discourse as Improvisation: Relationships between Academic Task Structure and Social Participation Structure in Lessons. In: Wilkinson, L. Ch..: Communicating in the classroom. New York usw.: Academic Press: 153-181.
Erickson, F. (1986): Qualitative methods in research on teaching. In: Wittroch, M. C. (Hrsg.): Handbook of research on teaching. New York: Macmillan; 3. Aufl.
Fischer, H. R. (1993): Zum Ende der großen Entwürfe. Eine Einführung. In: Fischer, H. R. et al. (Hrsg.): Das Ende der großen Entwürfe. Frankfurt a. M.: Suhrkamp.
Feyerabend, P. K. (1992): Über Erkenntnis. Zwei Dialoge. Frankfurt a. M.: Campus.
Garfinkel, H. (1967): Studies in Ethnomethodology. Englewood Cliffs, NJ: Prentice-Hall.
Garfinkel, H. (1973): Das Alltagswissen über soziale und innerhalb sozialer Strukturen. In: Arbeitsgruppe Bielefelder Soziologen (Hrsg.): Alltagswissen, Interaktion und gesellschaftliche Wirklichkeit. Reinbek bei Hamburg: Rowohlt.
Gebauer, K. (1997): Turbulenzen im Klassenzimmer. Emotionales Lernen in der Schule. Stuttgart: Klett-Cotta.
Glaser, B. & Strauss, A. (1967): The discovery of grounded theory: Strategies for qualitative research. New York: Aldine.
Goos, M. et al. (1996). When Does Student Talk Become Collaborative Mathematical Discussion? In: Technology in Mathematics Education: Proceedings of the Nineteenth Annual Conference of the Mathematics Education Research Group of Australia, Melbourne, MERGA.
Gumbrecht, H. U. (1980): Erzählen in der Literatur - Erzählen im Alltag. In: Ehlich, K. (Hrsg.): Erzählen im Alltag. Frankfurt: Suhrkamp.
Habermas, J. (1985): Theorie des kommunikativen Handelns. Frankfurt a. M.: Suhrkamp.
Henningsen, J. (1967): Die zweite Prüfung. Ethik und Rezepte. Bochum: F. Kamp
James, W. (1893): Principles of Psychology. New York.

Jefferson, G. (1974): Error correction as an interactional resource. In: Language in Society 3: 181-197.

Jungwirth, H. (1989): Endbericht des Projektes: Die geschlechtliche Dimension der Interaktionsstrukturen im Mathematikunterricht und ihre Folgen. Unveröffentlichtes Papier am Institut für Mathematik der Universität Linz, Österreich.

Kallmeyer, W. & Schütze, F. (1977): Zur Konstitution von Kommunikationsschemata der Sachverhaltsdarstellung. In: Wegner, D. (Hrsg.): Gesprächsanalysen. Hamburg: Helmut Buske.

Kelle, U. (1994): Empirisch begründete Theoriebildung. Zur Logik und Methodologie interpretativer Sozialforschung. Weinheim: Deutscher Studienverlag.

Klein, K.-P. (1980): Erzählen im Unterricht. Erzähltheoretische Aspekte einer Erzähldidakik. In: Ehlich, K. (Hrsg.): Erzählen im Alltag. Frankfurt a. M.: Surkamp.

Kopperschmidt, J. (1989): Methodik der Argumentationsanalyse. Stuttgart/Bad Cannstatt: Frommann-Holzboog.

Krummheuer, G. (1992): Lernen mit „Format". Elemente einer interaktionistischen Lerntheorie. Diskutiert an Beispielen mathematischen Unterrichts. Weinheim: Deutscher Studienverlag.

Krummheuer, G. (1997a): Narrativität und Lernen. Mikrosoziologische Studien zur sozialen Konstitution schulischen Lernens. Weinheim: Deutscher Studien Verlag.

Krummheuer, G. (1997b): Zum Begriff der „Argumentation" im Rahmen einer Interaktionstheorie des Lernens und Lehrens von Mathematik. In: Zentralblatt für Didatik der Mathematik 1: 1-10.

Luckmann, T. (1981): Einige Überlegungen zu Alltagswissen und Wissenschaft. In: Pädagogische Rundschau 35: 91-109.

Markowitz, J. (1986): Verhalten im Systemkontext. Zum Begriff des sozialen Epigramms. Diskutiert am Beispiel des Schulunterrichts. Frankfurt a. M.: Suhrkamp.

Mehan, H. & Wood, H. (1975): The reality of ethnomethodology. New York: John Wiley & Sons.

Mehan, H. (1979): Learning lessons. Cambridge, MA/London, UK.: Harvard University Press.

Merton, R. K. (1968): Social theory and social structure. New York: The Free Press.

Miller, M. (1986): Kollektive Lernprozesse. Frankfurt a. M.: Suhrkamp.

Müller, B. (1993): Sozialpädagogisches Können. Ein Lehrbuch zur multiperspektivischen Fallarbeit. Freiburg: Herder.

Naujok, N. (1999). „aber wenn du abguckst kannste dis nicht" – Zur Rekonstruktion von Alltagspädagogik aus Schülerkooperation. In: Jaumann-Graumann, O. & Köhnlein, W.: Lehrerprofessionalität – Lehrerprofessionalisierung. Bad Heilbronn: Klinkhardt.

Oevermann, U. et al. (1976): Die Methodologie einer „objektiven Hermeneutik" und ihre allgemeine forschungslogische Bedeutung in den Sozialwissenschaften. In: Soeffner, H.-G. (Hrsg.): Interpretative Verfahren in den Sozial- und Textwissenschaften. Stuttgart: Metzler.

Ohlhaver, F. & Wernet, A. (1999, Hrsg.): Schulforschung, Fallanalyse, Lehrerbildung. Opladen: Leske + Budrich.

Olson, D. R. & Bruner, J. S. (1996): Folk Psychology and Folk Pedagogy. In: Olson, D. R. & Torrance, N. (Hrsg.): The Handbook of Education and Human Development. New Models of Learning, Teaching and Schooling. Cambridge, MA: Blackwell.

Peirce, C. S. (1970): Schriften II: Vom Pragmatismus zum Pragmatizismus. Frankfurt a. M.: Suhrkamp.

Peirce, C. S. (1978): Collected papers of Charles Sanders Peirce. Cambridge, MA.: Harvard University Press.

Petersen, P. (1980): Der kleine Jena-Plan. Weinheim und Basel: Beltz.

Piaget, J. (1976): Die Äquilibration der kognitiven Strukturen. Stuttgart: Klett.
Röhr, M. (1995): Kooperatives Lernen im Mathematikunterricht der Primarstufe. Entwicklung und Evaluation eines fachdidaktischen Konzepts zur Förderung der Kooperationsfähigkeit von Schülern. Wiesbaden: Deutscher Universitäts-Verlag.
Sacks, H. (1963): Sociological Description. In: Berkeley Journal of Sociology 8: 1-17.
Schegloff, E. A. & Sacks, H. (1973): Opening up closings. In: Semiotica 8: 289-327.
Schegloff, E. A. et al. (1977): The preference for self-correction in the organization of repair in conversation. In: Language 53: 361-382.
Schütz, A. (1971): Wissenschaftliche Interpretation und Alltagsverständnis menschlichen Handelns. In: Alfred Schütz - Gesammelte Aufsätze Bd. 1: Das Problem der sozialen Wirklichkeit. Den Haag: Martinus Nijhoff, 3-54.
Schütze, F. et al. (1973): Grundlagentheoretische Voraussetzungen methodisch kontrollierten Fremdverstehens. In: Arbeitsgruppe Bielefelder Soziologen (Hrsg.): Alltagswissen, Interaktion und gesellschaftliche Wirklichkeit. Reinbek bei Hamburg: Rowohlt.
Soeffner, H.-G. (1989): Auslegung des Alltags - Der Alltag der Auslegung. Zur wissenssoziologischen Konzeption einer sozialwissenschaftlichen Hermeneutik. Frankfurt a. M.: Suhrkamp.
Steffe, L. P. et al. (1983): Children's counting types: Philosophy, Theory, and Application. New York: Praeger Scientific.
Strauss, A. & Corbin, J. (1990): Basics of qualitative research. Grounded theory procedures and techniques. Newbury Park, CA u.a. Sage Publications.
Strauss, A. & Corbin, J. (1996): Grounded Theory. Grundlagen Qualitativer Sozialforschung. Aus dem Amerikanischen von Solveigh Niewiarra und Heiner Legewie. Weinheim: Beltz, Psychologie Verlags Union.
Streeck, J. (1983): Konversationsanalyse. Ein Reparaturversuch. In: Zeitschrift für Sprachwissenschaft 2,1: 72-104.
Terhart, E. (1978): Interpretative Unterrichtsforschung. Kritische Rekonstruktion und Analyse konkurrierender Forschungsprogramme der Unterrichtswissenschaft. Stuttgart: Klett.
Toulmin, S. (1975): Der Gebrauch von Argumenten. Kronberg/Ts.: Scriptor.
Toulmin, S. (1994): Kosmopolis. Die unerkannten Aufgabe der Moderne. Frankfurt a. M.: Suhrkamp.
Vollmer, N. & Krummheuer, G. (1997): Anfangen - Machen - Helfen. Zur Beziehung zwischen Arbeitsteilung und Aufgabenverständnis während einer Partnerarbeit im Mathematikunterricht. In: Journal für Mathematikdidaktik 18 (2/3): 217-244.
Vollmer, N. (1997): Hinderliche Kooperation in der Unterrichtspraxis und hilfreiche Störungen als theoretischer Anspruch. In: Beiträge zum Mathematikunterricht. Vorträge auf der 31. Tagung für Didaktik der Mathematik, Leipzig 3.-7. März. Hg. f. d. Gesellschaft für Didaktik der Mathematik v. P. Müller. Hildesheim: Franzbecker, 214-217.
von Glasersfeld, E. (1987): Learning as a construtive activity. In: Janvier, C.: Problems of representation in the teaching and learning of mathematics. Hillsdale, NJ: Lawrence Erlbaum.
von Glasersfeld, E. (1995): Radical Constructivism: A Way of Knowing and Learning. London, UK/Washington, D.C.: The Falmer Press.
Watzlawick, P. et al. (1969): Menschliche Kommunikation - Formen, Störungen, Paradoxien. Bern: Huber.
Winkel, R. (1980): Der gestörte Unterricht. Diagnostische und therapeutische Möglichkeiten. 2. Aufl. Bochum: Ferdinand Kamp.

Wood, T. et al. (1993a, Hrsg.): Rethinking elementary school mathematics: Insights and issues. Reston, Virginia: The national council of teachers of mathematics.

Wood, T. (1993a): Second-grade classroom: psychological perspective. In: Wood, T. et al. (Hrsg.): Rethinking elementary school mathematics: Insights and issues. Reston, Virginia: The national council of teachers of mathematics.

Wood, T. (1993b): Creating an Enviroment for learning mathematics. In: Wood, T. et al. (Hrsg.): Rethinking elementary school mathematics: Insights and issues. Reston, Virginia: The national council of teachers of mathematics.

Wood, T. et al. (1993b): The nature of whole-class discussion. In: Wood, T. et al. (Hrsg.): Rethinking elementary school mathematics: Insights and issues. Reston, Virginia: The national council of teachers of mathematics.

Yackel, E. et al. (1993a): Developing a basis for mathematical communication within small groups. In: Wood, T. et al. (Hrsg.): Rethinking elementary school mathematics: Insights and issues. Reston, Virginia: The national council of teachers of mathematics.

Yackel, E. et al. (1993b): The relationship of individual children's mathematical conceptual development to small group interactions. In: Wood, T. et al. (Hrsg.): Rethinking elementary school mathematics: Insights and issues. Reston, Virginia: The national council of teachers of mathematics.

Zinnecker, J. (1975): Der heimliche Lehrplan. Untersuchungen zum Schulunterricht. Weinheim: Beltz.

Transkriptionslegende

1. Spalte

Hier ist die (fortlaufende) Zeilennumerierung vermerkt. Die Numerierung verweist auf die Zeilen im Original-Transkript und kann deshalb in der vorliegenden Formatierung keiner äußerungs- oder zeilenweisen Anordnung entsprechen.
   Während des Arbeitsprozesses hat sich mitunter eine Erweiterung der Numerierung um „.1", „.2" usw. ergeben, z.B. ist

29.1   eine Ergänzung, die auf die neunundzwanzigste Zeile der Erstfassung folgt.

2. Spalte

Hier sind die (geänderten) Namen der aktiv an der Interaktion Beteiligten verzeichnet.

3. Spalte

Sie enthält

- die verbalen Äußerungen (Times 10 pt normal),
- paraverbale Informationen, z.B. Betonung und Prosodie (Sonderzeichen, s.u.), und
- die nonverbalen Aktivitäten der Beteiligten *(Times 10 pt kursiv).*

Paralinguistische Sonderzeichen:

(.) Pause (max. 1 sec.)
(..) Pause (max. 2 sec.)
(...) Pause (max. 3 sec)
(4 sec.) Pause mit Angabe der Länge
\   Senken der Stimme
−   Stimme bleibt in der Schwebe
/   Heben der Stimme
denn   fett für starke Betonung

j a a   gesperrt für gedehnte Aussprache

Bei einer Redeüberschneidung der Äußerungen ähnelt die Schreibweise der von Partituren in der Musik; die parallel zu lesenden Zeilen sind vor den Namen durch spitze Klammern („<„) gekennzeichnet, z.B.:

7 <   Lars   aber **mach** ich nich \
8 <   Sandra   *zu Ayla* geh ma **weg** bitte \ **rutsch** ma bitte n bischen \

Die deutsche Gesellschaft aus sozialwissenschaftlicher Sicht

**Bernhard Schäfers
Wolfgang Zapf
(Hrsg.)**

**Handwörterbuch
zur Gesellschaft
Deutschlands**

1998. 776 Seiten.
Geb. 98,- DM
ISBN 3-8100-1758-2

Das Handwörterbuch stellt in 65 Artikeln Grundlagen und Grundstrukturen des gesellschaftlichen Systems Deutschlands dar.

Hier liegt ein umfassendes, zuverlässiges Grundlagenwerk für alle vor, die sich in Studium oder Beruf mit der Gesellschaft Deutschlands auseinandersetzen. Jedem Beitrag liegt folgende Gliederung zugrunde: Definition und Abgrenzung; sozialgeschichtlicher Hintergrund; gegenwärtige sozialstrukturelle Ausprägung; sozialpolitische Relevanz.

Das Gewicht liegt auf der gegenwärtigen sozialstrukturellen Ausprägung des betrachteten Gegenstandes – z.B. Alltag; Arbeitslosigkeit; Armut; Eigentum; Familie und Verwandtschaft; Öffentlichkeit; Verkehr; Wohnen.

■ **Leske + Budrich**

Postfach 300 551 . 51334 Leverkusen
E-Mail: lesbudpubl@aol.com . www.leske-budrich.de